DIE ULTIMATIVE WEIHNACHTSPLÄTZCHEN-SAMMLUNG

100 unwiderstehliche Rezepte, um Ihre Feiertage zu versüßen

Irene Schmid

Urheberrechtliches Material ©2023

Alle Rechte vorbehalten

Kein Teil dieses Buches darf ohne die entsprechende schriftliche Zustimmung des Herausgebers und Urheberrechtsinhabers in irgendeiner Form oder auf irgendeine Weise verwendet oder übertragen werden, mit Ausnahme von kurzen Zitaten, die in einer Rezension verwendet werden. Dieses Buch sollte nicht als Ersatz für medizinische, rechtliche oder andere professionelle Beratung betrachtet werden.

INHALTSVERZEICHNIS _

EINFÜHRUNG **6**
ZUCKERKEKSE **8**
    1. DELUXE-ZUCKERKEKSE 9
    2. WEIHNACHTSZUCKERPLÄTZCHEN 11
    3. FETTFREIE ZUCKERKEKSE 13
    4. ZUERST ZUCKERKEKSE IN SCHEIBEN SCHNEIDEN UND BACKEN 15
    5. GOLDENE AHORNZUCKERKEKSE 17
    6. FEIERTAGSZUCKERKEKSE 19
    7. KEKSE MIT MANDELZUCKER 21
    8. ZUCKERKEKSE 23
    9. ZUCKERKEKSE MIT BESTREICHENCREME-ZUCKERGUSS 25
    10. EINFACHE SCHMALZZUCKERKEKSE 27
    11. ZIMT-ZUCKER-KEKSE 29
    12. ZUCKERKEKSE WÜRZEN 31
    13. KEKSE MIT PISTAZIENZUCKER 33
PFEFFERMINKEKSE **35**
    14. KEKSE MIT PFEFFERMINZRINDENZUCKER 36
    15. WEIßE SCHOKOLADEN-PFEFFERMINZ-KEKSE 38
    16. PFEFFERMINZ-SCHOKOLADENKEKSE 40
    17. PFEFFERMINZ-MOKKA-KEKSE 42
    18. PFEFFERMINZ-ZUCKERKEKSE 44
    19. PFEFFERMINZ- FUNKELN- KEKSE 46
    20. SCHOKOLADEN-PFEFFERMINZ-FINGERABDRUCK-KEKSE 49
DAUMENABDRUCKKEKSE **51**
    21. HIMBEER-FINGERABDRUCK-KEKSE 52
    22. FINGERABDRUCK-KEKSE MIT ERDNUSSBESTREICHEN UND GELEE 54
    23. FINGERABDRUCK-KEKSE VON SNICKERS BAR 56
    24. NUSSIGE HIMBEER-FINGERABDRUCK-KEKSE 58
    25. FINGERABDRUCK-KEKSES MIT UBE JAM 60
BESTREICHENKEKS-PLÄTZCHEN **63**
    26. MANDEL-KURZBROT-KEKSE 64
    27. KURZBROT-KEKSE MIT BRAUNEM ZUCKER 66
    28. MACADAMIA-KURZBROT-KEKSE MIT SCHOKOLADENÜBERZUG 68
    29. FRUCHTIGE KURZBROT-KEKSE 70
    30. LAVENDEL-KURZBROT-KEKSE 72

31. MOKKA-KURZBROT-KEKSE 74
32. ERDNUSS-KURZBROT-KEKSE 76
33. GEWÜRZTE KURZBROT-KEKSE 78
34. PECAN SPRITZGEBÄCK 80
35. HASELNUSS-KURZBROT-KEKSE AUS OREGON 82

SNICKERDOODLE 84

36. MAISMEHL-SNICKERDOODLES 85
37. FETTARME SNICKERDOODLES 87
38. VOLLKORN-SNICKERDOODLES 89
39. EIERLIKÖR-SNICKERDOODLES 91
40. SCHOKOLADEN-SNICKERDOODLES 93

LEBKUCHEN KEKSE 95

41. LEBKUCHENJUNGEN 96
42. LEBKUCHENBESTREICHENKEKSE 98
43. SCHOKOLADEN-LEBKUCHENPLÄTZCHEN 100
44. GEEISTE LEBKUCHENPLÄTZCHEN 103
45. NUSSIGE LEBKUCHENPLÄTZCHEN 106
46. ZITRONEN-LEBKUCHENPLÄTZCHEN 109

LINZER PLÄTZCHEN 112

47. SCHOKOLADEN-HASELNUSS-LINZER-KEKSE 113
48. APRIKOSEN-MANDEL-LINZER-KEKSE 115
49. ZITRONEN-BLAUBEER-LINZER-KEKSE 118
50. SCHOKO-ORANGEN-LINZER-KEKSE 121
51. PEKANNUSS-AHORN-LINZER-KEKSE 124
52. HIMBEER-LINZER-BESTREICHENKEKSE 126
53. YUZU LINZER KEKSE 128

KÜRBISKEKSE 132

54. KÜRBISKEKSE 133
55. KEKSE MIT KÜRBIS UND FRISCHEM INGWER 135
56. KÜRBIS-SNICKERDOODLE-KEKS 137
57. KÜRBIS-SCHOKOLADENKEKSE 139
58. KÜRBISKUCHEN-GEWÜRZ-SCONE-KEKSE 141
59. KÜRBIS-NUSS-KEKSE 144

SCHOKOLADENKEKSE 146

60. BREZEL- UND KARAMELLPLÄTZCHEN 147
61. ROSSKASTANIENKEKS 149
62. KUCHEN-MIX-PLÄTZCHEN 151
63. MÜSLI- UND SCHOKOLADENKEKSE 153
64. DEUTSCHE KEKSE 155

65. Schokoladenkekse 157
66. Orangen-Frischkäse-Kekse 159
67. Zähe Schoko-Frischkäse-Kekse 161
68. Goji-Beeren-Schokoladenkekse 163
69. Biscoff Chocolate Chip Kekses 165
70. Schwarzwälder Kekse 167
71. Schokoladen-Trüffel-Kekse 170
72. Doppelte Schokoladensandwiches 173
73. Schokoladenkekse 175
74. Matcha-Kekse mit weißer Schokolade ohne Backen ... 177
75. Cadbury- und Haselnusskekse 179
76. Kuchen-Mix-Plätzchen 181
77. Deutsche Kekse 183
78. Kirschplätzchen _ 185
79. Spekulatius 187
80. Cornflake-Schokoladenkekse 190
81. Weiße Schokoladen-Cappuccino-Kekse 192
82. Mit Snickers Bar gefüllte Schokoladenkekse 195

KEKSE 197

83. Brownie Kekse 198
84. MandelKekse 200
85. Anis-Kekse 202
86. Anis-Zitronen-Kekse 204
87. KirschKekse 206
88. Haselnuss- und AprikosenKekse 208
89. Zitronen-Rosmarin-Kekse 210

ABGELEGTE KEKSES 212

90. Orange Cranberry-Tropfen 213
91. Zuckerpflaumentropfen 215
92. Wiener-Halbmond-Feiertagsplätzchen 217
93. Apfel-Rosinen-Kekse 219
94. Kirschtropfenkekse 221
95. Kekse mit Kakaotropfen 223
96. Mit Datum gefüllte Tropfenkekse 225
97. Satans essen Fallen-Kekse 227
98. Hickory-Nuss-Kekse 230
99. Ananas-Drop-Kekse 232
100. Rosinen-Ananas-Kekse 234

ABSCHLUSS 236

EINFÜHRUNG

Während die Winterwinde einen Teppich aus Frost vor Ihrem Fenster weben, entfaltet die festliche Jahreszeit ihren magischen Charme und lädt Sie dazu ein, die Wärme und Freude zu genießen, die die Feiertage begleiten. Und wie könnte diese bezaubernde Reise besser beginnen, als in die herrliche Symphonie der Aromen einzutauchen, die aus Ihrer Küche – der Alchemie der Zutaten – strömen? verwandelt sich in die herzerwärmende Essenz frisch gebackener Weihnachtsplätzchen? Die Ultimative Weihnachtsplätzchen-Sammlung lädt Sie nicht nur in die kulinarische Welt ein, sondern auch in eine Welt gemeinsamer Traditionen, der Liebe und der Schaffung wertvoller Momente mit denen, die Ihnen am Herzen liegen.

Auf den Seiten dieser Sammlung begeben wir uns auf eine köstliche Odyssee – eine Reise, die über das Gewöhnliche hinausgeht und den Akt des Backens in ein Fest der Kunst verwandelt. Backen wird zu mehr als einer kulinarischen Beschäftigung; Es wird zu einem herzlichen Ausdruck der Liebe und zur Fortsetzung geschätzter Traditionen. In dieser bezaubernden Zusammenstellung würdigen wir die freudige Essenz von Weihnachten, wobei jedes Rezept ein sorgfältig ausgearbeiteter Beweis für die Wärme der Jahreszeit ist und Sie dazu einlädt, nicht nur die Aromen, sondern auch die Erinnerungen zu genießen, die sie wecken und die noch lange nach dem Lametta-Fest nachklingen Der Schmuck ist weggepackt.

Tauchen Sie ein in ein kulinarisches Abenteuer, das die Klassiker umfasst, jene altehrwürdigen Favoriten, die Nostalgie und ein Gefühl von Heimat hervorrufen. Scheuen Sie sich jedoch nicht, die innovativen Wendungen zu entdecken, die Ihrem Urlaubsrepertoire eine Prise Spannung verleihen. Von den ikonischen Zuckerkeksen mit festlichem Zuckerguss, die eine Leinwand für Ihre kreativen Ausdrucksformen sind, über die beruhigenden und reichen Aromen von Lebkuchen, die Bilder von urigen Winterhütten hervorrufen, bis hin zu den verwöhnenden Freuden von Pfefferminz-Schokoladen-Kreationen, die auf den Geschmacksknospen tanzen, Die Ultimative

Weihnachtsplätzchen-Sammlungist ein Versprechen – ein Versprechen, dass Sie auf ihren Seiten den perfekten Leckerbissen für jeden Gaumen, jeden Anlass und jeden geschätzten Moment finden, der darauf wartet, kreiert zu werden.

Wenn Sie sich also auf diese Reise durch die Seiten dieser Sammlung begeben, werden Sie nicht nur köstliche Rezepte entdecken, sondern auch einen Raum finden, in dem der Akt des Backens zu einem Kanal für Liebe, Tradition und die Schaffung nachhaltiger Erinnerungen wird wie der immergrüne Geist von Weihnachten selbst.

ZUCKERKEKSE

1.Deluxe-Zuckerkekse

ZUTATEN:
- 1 Tasse Bestreichen oder Margarine, weich
- 1½ Tassen Puderzucker
- 1 Ei, geschlagen
- 1 Teelöffel Vanilleextrakt
- ½ Teelöffel Mandelextrakt
- 2½ Tassen Allzweckmehl
- 1 Teelöffel Backpulver
- 1 Teelöffel Weinstein

ANWEISUNGEN:
a) In einer Rührschüssel Bestreichen und Puderzucker schaumig rühren.
b) Das geschlagene Ei und die Extrakte zur Rahmmischung hinzufügen.
c) In einer separaten Schüssel Mehl, Backpulver und Weinstein vermischen. Diese trockene Mischung nach und nach zur Rahmmischung geben und gut vermischen. Den Teig mindestens 1 Stunde kalt stellen.
d) Rollen Sie auf einer leicht mit Puderzucker bestreuten Oberfläche ein Viertel des Teigs auf eine Dicke von ⅛ Zoll aus.
e) Den ausgerollten Teig in die gewünschten Formen schneiden.
f) Legen Sie die Ausschnitte auf ungefettete Backbleche.
g) Wiederholen Sie den Roll- und Schneidevorgang mit dem restlichen Teig.
h) 7 bis 8 Minuten lang bei 180 °C backen oder bis die Ränder anfangen zu bräunen.
i) Genießen Sie diese luxuriösen Zuckerkekse, perfekt für jeden Anlass!

2. Weihnachtszuckerplätzchen

ZUTATEN:
- 1 Tasse Zucker
- 3 Tassen gesiebtes Mehl
- 1½ Teelöffel abgeriebene Zitronenschale
- 2 Tassen Bestreichen, weich
- 2 große Eigelb

ANWEISUNGEN:
a) Zucker und Bestreichen in einer mittelgroßen Schüssel schaumig rühren.
b) Eigelb unterrühren.
c) Gesiebtes Mehl und abgeriebene Zitronenschale hinzufügen. Vorsichtig zusammenkneten. Überarbeiten Sie den Teig nicht, sondern stellen Sie sicher, dass er gleichmäßig ist.
d) Den Teig 3 Stunden kalt stellen.
e) Heizen Sie den Ofen auf 350 °F vor.
f) Den gekühlten Teig mit einem Nudelholz ausrollen.
g) In die gewünschten Formen schneiden und auf gefettete Backbleche legen.
h) Backen, bis die Spitzen rosa-braun werden, etwa 8 Minuten.
i) Genießen Sie diese festlichen Weihnachtsplätzchen aus Zucker, perfekt für Feiertagsfeiern!

3.Fettfreie Zuckerkekse

ZUTATEN:
- 4 Unzen Schneebesen 99 % Ei-Ersatz
- 2 Tassen Zucker
- 2 Teelöffel Backpulver
- ¼ Teelöffel Salz
- 2 Teelöffel Vanille
- 2 Tassen Mehl

ANWEISUNGEN:
a) Heizen Sie den Ofen auf 350 Grad Fahrenheit vor.
b) Mischen Sie in einer mittelgroßen Schüssel die oben genannten Zutaten nacheinander.
c) Nach jeder Zugabe gut vermischen; Der Teig sollte ziemlich trocken sein.
d) Lassen Sie den Teig auf ein Backblech fallen, das leicht mit Kochspray besprüht wurde.
e) Etwa 10-12 Minuten backen.
f) Lassen Sie es etwa 3–5 Minuten abkühlen, bevor Sie es vom Backblech nehmen.
g) Genießen Sie diese fettfreien Zuckerkekse als leichtere Alternative!

4. Zuerst Zuckerkekse in Scheiben schneiden und backen

ZUTATEN:
- 1¾ Tassen Mehl
- ¾ Teelöffel Salz
- ½ Teelöffel Backpulver
- 10 Esslöffel Bestreichen (Margarine/Backfett) bei Zimmertemperatur
- 1 Tasse Zucker
- 1 Ei
- 1½ Teelöffel Vanilleextrakt
- 1½ Tassen Walnüsse oder Pekannüsse, fein gehackt (optional)

ANWEISUNGEN:
a) Mehl, Salz und Backpulver vermischen.
b) Mit einem Elektromixer bei mittlerer bis niedriger Geschwindigkeit Bestreichen und Zucker schaumig schlagen.
c) Ei und Vanille unterrühren.
d) Reduzieren Sie die Geschwindigkeit auf eine niedrige Stufe und schlagen Sie die Mehlmischung ein, bis sie sich gerade vermischt hat.
e) Teilen Sie den Teig in zwei Hälften und formen Sie jedes Stück zu einem Block mit etwa 2,5 cm Durchmesser.
f) Mit Plastikfolie abdecken und die Enden der Folie drehen, um den Teig in einen glatten Zylinder zu formen.
g) Etwa 30 Minuten im Kühlschrank lagern, bis es fast fest ist.
h) Etwa die Hälfte der Nüsse auf einer Arbeitsfläche verteilen. Einen Stamm in den Nüssen wälzen, sodass die gesamte Oberfläche bedeckt ist. Wieder einpacken und mindestens 30 Minuten kalt stellen.
i) Wiederholen Sie den Vorgang mit dem anderen Protokoll.
j) Heizen Sie den Ofen auf 350 °F vor.
k) Den gekühlten Teig in etwa ⅜ Zoll dicke Scheiben schneiden.
l) Auf ungefettete Backbleche im Abstand von ca. 5 cm legen und ca. 8–10 Minuten backen, bis die Ränder anfangen zu bräunen.

5. Goldene Ahornzuckerkekse

ZUTATEN:
- 2½ Tassen gesiebtes Mehl
- 1 Teelöffel Backpulver
- 1 Teelöffel Weinstein
- ¼ Teelöffel Salz
- 1⅓ Tassen Crisco mit Bestreichengeschmack
- 1½ Teelöffel Vanille
- 2 Esslöffel reiner Ahornsirup
- 2 Tassen Zucker
- 2 Eigelb

ANWEISUNGEN:
a) Mehl, Backpulver, Weinstein und Salz vermischen. Beiseite legen.
b) In einer Rührschüssel Crisco, Vanille und Ahornsirup cremig rühren (schlagen), bis alles gut vermischt ist.
c) Nach und nach den Zucker hinzufügen und cremig rühren, bis die Masse leicht und locker ist.
d) Fügen Sie Eigelb einzeln hinzu und schlagen Sie es nach jeder Zugabe gut durch.
e) Die gesiebten trockenen Zutaten langsam hinzufügen und verrühren, bis alles gut vermischt ist.
f) Machen Sie Kugeln mit einem Durchmesser von etwa 3,5 Zentimetern und legen Sie diese mit einem Abstand von 5 Zentimetern auf ein ungefettetes Backblech.
g) Bei 350 Grad 9 bis 11 Minuten backen oder bis die Ränder gerade anfangen, goldbraun zu werden.
h) Lassen Sie die Kekse mindestens zwei Minuten auf dem Blech abkühlen, bevor Sie sie zum vollständigen Abkühlen auf ein Gestell legen.

6.Feiertagszuckerkekse

ZUTATEN:
- 1 Tasse Bestreichen oder Margarine, weich
- 1½ Tassen Puderzucker
- 1 Ei, leicht geschlagen
- 1 Teelöffel Vanilleextrakt
- 1 Teelöffel Mandelextrakt
- 2½ Tassen Allzweckmehl
- Dekorationszucker, optional

ANWEISUNGEN:
a) Bestreichen und Zucker in einer Rührschüssel schaumig rühren.
b) Ei und Extrakte hinzufügen. Mehl einrühren; gut mischen. Mehrere Stunden kalt stellen.
c) Rollen Sie den Teig auf einer leicht bemehlten Oberfläche ¼ Zoll dick aus.
d) Mit einem 2½ oder 3-Zoll-Ausstecher ausstechen.
e) Auf ungefettete Backbleche legen; Nach Belieben mit Zucker bestreuen.
f) 8 bis 10 Minuten lang bei 180 °C backen oder bis es leicht gebräunt ist.

7. Kekse mit Mandelzucker

ZUTATEN:
- 5 Esslöffel Margarine (75 g)
- 1½ Esslöffel Fruktose
- 1 Esslöffel Eiweiß
- ¼ Teelöffel Mandel-, Vanille- oder Zitronenextrakt
- 1 Tasse ungebleichtes Mehl
- ⅛ Teelöffel Backpulver
- 1 Prise Weinstein
- 32 Mandelscheiben

ANWEISUNGEN:

a) Ofen auf 350F (180C) vorheizen. In einer mittelgroßen Schüssel Margarine und Fruktose vermischen und schaumig schlagen. Eiweiß und Mandelextrakt untermischen.

b) Nach und nach Mehl, Backpulver und Weinstein unterrühren; gut mischen. Zu ½ Zoll (1½ cm) großen Kugeln formen. Auf ein antihaftbeschichtetes Backblech legen.

c) Tauchen Sie ein Glas mit flachem Boden in Mehl und drücken Sie auf jede Kugel, um den Keks flach zu machen. Belegen Sie jeden Keks mit einer Mandelscheibe. 8 bis 10 Minuten backen, bis es leicht gebräunt ist. Zum Abkühlen auf Pergament oder Wachspapier übertragen.

8.Zuckerkekse

ZUTATEN:
- 1 18,25-Unzen- Kuchenmischung aus weißer Schokolade
- ¾ Tasse Bestreichen
- 2 Eiweiß
- 2 Esslöffel helle Sahne

ANWEISUNGEN:
a) Kuchenmischung in eine große Schüssel geben. Mit einem Mixer oder zwei Gabeln die Bestreichen einschneiden, bis feine Partikel entstehen.
b) Eiweiß und Sahne unterrühren, bis alles gut vermischt ist. Den Teig zu einer Kugel formen und abdecken.
c) Mindestens zwei Stunden und bis zu 8 Stunden im Kühlschrank ruhen lassen.
d) Den Ofen auf 375 °F vorheizen.
e) Den Teig in 2,5 cm große Kugeln rollen und auf ungefettete Backbleche legen. Mit dem Boden eines Glases auf eine Dicke von 0,6 cm flach drücken.
f) 7–10 Minuten backen oder bis die Keksränder hellbraun sind.
g) 2 Minuten auf Backblechen abkühlen lassen, dann zum vollständigen Abkühlen auf Gitterroste stellen.

9. Zuckerkekse mit Bestreichencreme-Zuckerguss

ZUTATEN:
PLÄTZCHEN:
- 1 Tasse Bestreichen
- 1 Tasse weißer Zucker
- 2 Eier
- 1/2 Teelöffel Vanilleextrakt
- 31/4 Tassen Allzweckmehl
- 1/2 Teelöffel Backpulver
- 1/2 Teelöffel Backpulver
- 1/2 Teelöffel Salz

BESTREICHENCREME ZUCKERGUSS:
- 1/2 Tasse Backfett
- 1 Pfund Puderzucker
- 5 Esslöffel Wasser
- 1/4 Teelöffel Salz
- 1/2 Teelöffel Vanilleextrakt
- 1/4 Teelöffel Bestreichenextrakt

ANWEISUNGEN:
a) In einer großen Schüssel Bestreichen, Zucker, Eier und Vanille mit einem Elektromixer verrühren, bis die Masse leicht und locker ist. Mehl, Backpulver, Natron und Salz vermischen; Mit einem stabilen Löffel nach und nach die Mehlmischung unter die Bestreichenmischung rühren, bis alles gut vermischt ist. Teig 2 Stunden kalt stellen.

b) Heizen Sie den Ofen auf 400 °F (200 °C) vor. Rollen Sie den Teig auf einer leicht bemehlten Oberfläche auf eine Dicke von 0,6 cm aus. Mit Ausstechformen in die gewünschten Formen schneiden. Legen Sie die Kekse im Abstand von 5 cm auf ungefettete Backbleche.

c) Im vorgeheizten Backofen 4 bis 6 Minuten backen. Kekse aus der Form nehmen und auf Gitterrosten abkühlen lassen.

d) Mit einem Elektromixer Backfett, Puderzucker, Wasser, Salz, Vanilleextrakt und Bestreichenaroma schaumig schlagen. Frosten Sie die Kekse, nachdem sie vollständig abgekühlt sind.

10. Einfache Schmalzzuckerkekse

ZUTATEN:
- ¾ Tasse Schmalz
- ¾ Tasse verpackter brauner Zucker
- Je 1 Ei
- 1 Teelöffel Vanille
- 1 Teelöffel Backpulver
- 2 Tassen Mehl

ANWEISUNGEN:
a) Schmalz, Zucker und Ei verrühren, bis eine cremige Masse entsteht.
b) Vanille einrühren, Backpulver und Mehl dazugeben, bis ein Teig entsteht.
c) Den Teig zu Kugeln mit einem Durchmesser von etwa 2,5 cm formen und auf ein Backblech legen.
d) Drücken Sie die Kugeln mit den Fingern leicht flach, sodass ein runder Keks entsteht. (Bei Zuckerkeksen die Oberseite mit etwas Zucker bestreuen.) Im vorgeheizten Ofen bei 350 °C backen, bis die Ränder schön braun sind.
e) Herausnehmen und abkühlen lassen.

11. Zimt-Zucker-Kekse

ZUTATEN:
- 2½ Tasse Mehl
- ½ Tasse Bestreichen
- 2½ Teelöffel Backpulver
- ¾ Tasse Zucker
- ¼ Teelöffel Salz
- 1 Ei; geschlagen
- ⅛ Teelöffel Zimt
- ½ Tasse Bestreichenmilch
- Zuckermischung
- ½ Tasse) Zucker
- 1 Teelöffel Zimt

ANWEISUNGEN:

a) Mehl mit Backpulver, Salz und ⅛ Teelöffel Zimt vermischen. In einer anderen Schüssel Bestreichenfett und Zucker cremig rühren, bis die Masse leicht und locker ist. Ei hinzufügen und gut verrühren.

b) Rühren Sie ⅓ des Mehls ein, fügen Sie dann Milch und das restliche Mehl hinzu und vermischen Sie es zwischen den einzelnen Zugaben. Fügen Sie nicht mehr Mehl hinzu, es entsteht ein weicher Teig, der nach dem Abkühlen nicht klebrig wird.

c) Den Teig einige Stunden im Kühlschrank ruhen lassen, bis er vollständig abgekühlt ist. Nehmen Sie einen Esslöffel Teig und formen Sie ihn vorsichtig zu Kugeln.

d) Rollen Sie die Teigkugeln in der Zimt-Zucker-Mischung, drücken Sie sie flach, legen Sie sie auf ein gefettetes Backblech und backen Sie sie etwa 12 Minuten lang bei 375 Grad.

12. Zuckerkekse würzen

ZUTATEN:
- ¾ Tasse Gemüsefett bei Zimmertemperatur
- 1 Tasse fester hellbrauner Zucker
- 1 großes Ei, leicht geschlagen
- ¼ Tasse ungeschwefelte Melasse
- 2 Tassen Allzweckmehl
- 2 Teelöffel Backpulver
- 1 Teelöffel Zimt
- 1 Teelöffel gemahlener Ingwer
- ½ Teelöffel gemahlene Nelken
- ¼ Teelöffel Salz
- Kristallzucker zum Eintauchen der Teigkugeln.

ANWEISUNGEN:

a) In einer Schüssel das Backfett mit dem braunen Zucker schaumig rühren, bis die Mischung leicht und locker ist, dann das Ei und die Melasse unterrühren.

b) In einer anderen Schüssel das Mehl, das Backpulver, den Zimt, den Ingwer, die Nelken und das Salz vermischen, die Mehlmischung portionsweise zur Backfettmischung geben und den Teig gut verrühren. Den Teig abgedeckt 1 Stunde kalt stellen.

c) Rollen Sie gestrichene Esslöffel Teig zu Kugeln, tauchen Sie eine Seite jeder Kugel in den Kristallzucker und legen Sie die Kugeln mit der gezuckerten Seite nach oben im Abstand von etwa 7,5 cm auf gefettete Backbleche.

d) Backen Sie die Kekse portionsweise in der Mitte eines vorgeheizten Ofens bei 180 °C (150 °C) 10 bis 12 Minuten lang oder bis sie aufgebläht sind und oben Risse bekommen. Übertragen Sie die Kekse mit einem Metallspatel auf Gestelle und lassen Sie sie abkühlen.

13.Kekse mit Pistazienzucker

ZUTATEN:
- ½ Tasse Bestreichen
- 1 Tasse Zucker
- 1 großes Ei
- 1 Teelöffel Vanille
- 1¼ Tasse gesiebtes Mehl
- 1 Teelöffel Backpulver
- ¼ Teelöffel Salz
- ⅓ Tasse fein gehackte Pistazien

ANWEISUNGEN:

a) In einer großen Schüssel Bestreichen und Zucker cremig rühren, bis sie weich und locker sind. Ei und Vanille unterrühren. Mehl, Backpulver und Salz mischen; Zur Rahmmischung hinzufügen und gut vermischen. Den Teig gründlich abkühlen lassen.

b) Backofen auf 375° vorheizen. Rollen Sie den Teig auf einem leicht bemehlten Brett ¼ Zoll dick aus. Mit Ausstechformen ausstechen und auf ungefetteten Backblechen anrichten. Gehackte Pistazien darüber streuen; leicht andrücken.

c) Bei 375° etwa 5 Minuten backen oder bis die Ränder anfangen zu bräunen.

d) Zum Abkühlen auf Gitterroste legen.

PFEFFERMINKEKSE

14. Kekse mit Pfefferminzrindenzucker

ZUTATEN:
- 1 Tasse ungesalzene Bestreichen, weich
- 1 Tasse Kristallzucker
- 1 großes Ei
- 1 Teelöffel Vanilleextrakt
- 2 1/2 Tassen Allzweckmehl
- 1/2 Teelöffel Backpulver
- 1/2 Teelöffel Backpulver
- 1/2 Teelöffel Salz
- Zerkleinerte Pfefferminzbonbons

ANWEISUNGEN:

a) Heizen Sie den Ofen auf 180 °C (350 °F) vor und legen Sie Backbleche mit Backpapier aus.

b) In einer Schüssel Bestreichen und Zucker schaumig rühren, bis die Masse leicht und locker ist. Ei und Vanille unterrühren.

c) In einer separaten Schüssel Mehl, Backpulver, Natron und Salz vermischen. Geben Sie diese trockene Mischung nach und nach zu den feuchten Zutaten und verrühren Sie alles, bis alles gut vermischt ist.

d) Zerkleinerte Pfefferminzbonbons unterheben.

e) Runde Teelöffel Teig auf die vorbereiteten Backbleche geben.

f) 10-12 Minuten backen oder bis die Ränder leicht golden sind. Lassen Sie die Kekse einige Minuten auf den Backblechen abkühlen, bevor Sie sie auf einen Rost legen.

15. Weiße Schokoladen-Pfefferminz-Kekse

ZUTATEN:
- 1 Tasse ungesalzene Bestreichen, weich
- 1 Tasse Kristallzucker
- 2 große Eier
- 1 Teelöffel Vanilleextrakt
- 3 Tassen Allzweckmehl
- 1/2 Teelöffel Backpulver
- 1/4 Teelöffel Salz
- 1 Tasse weiße Schokoladenstückchen
- 1/2 Tasse zerstoßene Pfefferminzbonbons

ANWEISUNGEN:

a) Heizen Sie den Ofen auf 180 °C (350 °F) vor und legen Sie Backbleche mit Backpapier aus.
b) In einer großen Schüssel weiche Bestreichen und Kristallzucker cremig rühren, bis die Masse leicht und locker ist.
c) Eier und Vanilleextrakt unterrühren, bis alles gut vermischt ist.
d) In einer separaten Schüssel Mehl, Backpulver und Salz vermischen.
e) Geben Sie nach und nach die trockenen Zutaten zu den feuchten Zutaten hinzu und verrühren Sie alles, bis alles gut vermischt ist.
f) Die weißen Schokoladenstückchen und die zerstoßenen Pfefferminzbonbons unterheben.
g) Runde Esslöffel Teig auf die vorbereiteten Backbleche geben.
h) 10-12 Minuten backen oder bis die Ränder goldbraun sind.
i) Lassen Sie die Kekse einige Minuten auf dem Backblech abkühlen, bevor Sie sie auf einen Rost legen.

16.Pfefferminz-Schokoladenkekse

ZUTATEN:
- 1 Tasse (2 Stangen) ungesalzene Bestreichen, weich
- 1 Tasse Kristallzucker
- 1 Tasse hellbrauner Zucker
- 2 große Eier
- 1 Teelöffel Vanilleextrakt
- 3 Tassen Allzweckmehl
- 1 Teelöffel Backpulver
- 1/2 Teelöffel Backpulver
- 1/2 Teelöffel Salz
- 1 Tasse Schokoladenstückchen
- 1 Tasse zerstoßene Pfefferminzbonbons oder Zuckerstangen

ANWEISUNGEN:
a) Heizen Sie Ihren Backofen auf 350 °F (175 °C) vor und legen Sie Backbleche mit Backpapier aus.
b) In einer großen Rührschüssel die weiche Bestreichen, den Kristallzucker und den braunen Zucker cremig rühren, bis die Masse hell und locker ist.
c) Fügen Sie die Eier einzeln hinzu und schlagen Sie nach jeder Zugabe gut durch. Den Vanilleextrakt einrühren.
d) In einer separaten Schüssel Mehl, Natron, Backpulver und Salz verquirlen.
e) Geben Sie nach und nach die trockenen Zutaten zu den feuchten Zutaten und verrühren Sie alles, bis alles gut vermischt ist.
f) Die Schokoladenstückchen und die zerstoßenen Pfefferminzbonbons unterheben.
g) Geben Sie abgerundete Esslöffel Teig mit einem Abstand von etwa 5 cm auf die vorbereiteten Backbleche.
h) Im vorgeheizten Ofen 10-12 Minuten backen oder bis die Ränder goldbraun sind.
i) Lassen Sie die Kekse einige Minuten auf den Backblechen abkühlen, bevor Sie sie zum vollständigen Abkühlen auf einen Rost legen.

17. Pfefferminz-Mokka-Kekse

ZUTATEN:
- 1 Tasse (2 Stangen) ungesalzene Bestreichen, weich
- 1 Tasse Kristallzucker
- 2 große Eier
- 1 Teelöffel Pfefferminzextrakt
- 2 Tassen Allzweckmehl
- 1/2 Tasse ungesüßtes Kakaopulver
- 1 Teelöffel Backpulver
- 1/2 Teelöffel Salz
- 1 Tasse weiße Schokoladenstückchen
- 1/2 Tasse zerdrückte Zuckerstangen oder Pfefferminzbonbons

ANWEISUNGEN:

a) Heizen Sie Ihren Backofen auf 350 °F (175 °C) vor und legen Sie Backbleche mit Backpapier aus.

b) In einer großen Schüssel die weiche Bestreichen und den Kristallzucker cremig rühren, bis die Masse leicht und locker ist.

c) Fügen Sie die Eier einzeln hinzu und schlagen Sie nach jeder Zugabe gut durch. Den Pfefferminzextrakt einrühren.

d) In einer separaten Schüssel Mehl, Kakaopulver, Backpulver und Salz verrühren.

e) Geben Sie nach und nach die trockenen Zutaten zu den feuchten Zutaten und verrühren Sie alles, bis alles gut vermischt ist.

f) Die weißen Schokoladenstückchen und zerkleinerten Zuckerstangen unterheben.

g) Geben Sie abgerundete Esslöffel Teig mit einem Abstand von etwa 5 cm auf die vorbereiteten Backbleche.

h) Im vorgeheizten Ofen 8-10 Minuten backen oder bis es fest ist.

i) Lassen Sie die Kekse einige Minuten auf den Backblechen abkühlen, bevor Sie sie zum vollständigen Abkühlen auf einen Rost legen.

18. Pfefferminz-Zuckerkekse

ZUTATEN:
- 1 Tasse (2 Stangen) ungesalzene Bestreichen, weich
- 1 Tasse Kristallzucker
- 2 große Eier
- 1 Teelöffel Pfefferminzextrakt
- 3 Tassen Allzweckmehl
- 1 1/2 Teelöffel Backpulver
- 1/2 Teelöffel Salz
- Zerkleinerte Pfefferminzbonbons zum Rollen

ANWEISUNGEN:
a) Heizen Sie Ihren Backofen auf 350 °F (175 °C) vor und legen Sie Backbleche mit Backpapier aus.
b) In einer großen Schüssel die weiche Bestreichen und den Kristallzucker cremig rühren, bis die Masse leicht und locker ist.
c) Fügen Sie die Eier einzeln hinzu und schlagen Sie nach jeder Zugabe gut durch. Den Pfefferminzextrakt einrühren.
d) In einer separaten Schüssel Mehl, Backpulver und Salz vermischen.
e) Geben Sie nach und nach die trockenen Zutaten zu den feuchten Zutaten und verrühren Sie alles, bis alles gut vermischt ist.
f) Formen Sie den Teig zu 2,5 cm großen Kugeln und rollen Sie diese zum Überziehen in zerstoßenen Pfefferminzbonbons.
g) Legen Sie die beschichteten Kugeln mit einem Abstand von etwa 5 cm auf die vorbereiteten Backbleche.
h) Im vorgeheizten Ofen 10-12 Minuten backen oder bis die Ränder leicht goldbraun sind.
i) Lassen Sie die Kekse einige Minuten auf den Backblechen abkühlen, bevor Sie sie zum vollständigen Abkühlen auf einen Rost legen.

19. Pfefferminz- Funkeln- Kekse

ZUTATEN:
- 1 Tasse gesalzene Bestreichen
- 1 Tasse Zucker plus etwa ¼ Tasse mehr zum Ausrollen
- 1 großes Ei
- 1 Teelöffel Backpulver
- ¼ Teelöffel feinkörniges Salz
- ½ Tasse zerstoßene Pfefferminze plus etwa ½ Tasse mehr zum Rollen
- 2 Tassen Allzweckmehl

ANWEISUNGEN:

a) Heizen Sie Ihren Backofen auf 375 Grad F vor und legen Sie ein oder zwei Backbleche mit Backpapier aus.

b) Geben Sie in eine große Schüssel die zwei Stück Bestreichen (geben Sie sie in die Mikrowelle, um sie bei Bedarf etwas weicher zu machen) und den Zucker (1 Tasse). Mit einem Hand- oder Standmixer bei hoher Geschwindigkeit ca. 3 Minuten cremig rühren.

c) Ei, Backpulver (1 Teelöffel) und Salz (¼ Teelöffel) hinzufügen und eine weitere Minute verrühren.

d) Fügen Sie das Mehl (2 Tassen) hinzu und vermischen Sie es, bis alles gut vermischt ist. Fügen Sie die zerstoßene Pfefferminze (½ Tasse) hinzu und mischen Sie erneut, bis alles gut vermischt ist.

e) In einer flachen Schüssel ½ Tasse zerstoßene Pfefferminze und ¼ Tasse Zucker verrühren.

f) Mit einem kleinen Kekslöffel den Teig abmessen und direkt in die Schüssel mit Pfefferminze und Zucker geben. Drücken Sie mit den Händen oder mit dem Boden eines Glases vorsichtig auf den Teig, um ihn gut mit Pfefferminze und Zucker zu bedecken. Drücken Sie nicht zu fest; Sie möchten, dass sie etwa einen halben Zoll dick sind.

g) Legen Sie die Kekse auf das mit Backpapier ausgelegte Backblech. Wenn die Pfefferminze und der Zucker an einigen Stellen nicht mehr so gut haften bleiben, können Sie noch etwas darüber streuen. Bei 180 °C etwa 10 Minuten backen, oder bis die Ränder gerade anfängt, goldbraun zu werden. In der Zwischenzeit können Sie auf einem anderen Backblech eine zweite Portion für den Ofen vorbereiten.

h) Optional: Diese Kekse werden beim Backen etwas flacher. Wenn Sie dickere kreisförmige Kekse wünschen: Sofort nachdem Sie sie aus dem Ofen genommen haben, während sie noch heiß sind, fahren Sie mit einem breiten Glas- oder Kreisausstecher vorsichtig um jeden Keks herum, um ihn zu einem Kreis zu formen.

i) Übertragen Sie die Kekse auf ein Kühlregal, lassen Sie sie ein paar Minuten abkühlen und genießen Sie sie!

20. Schokoladen-Pfefferminz-Fingerabdruck-Kekse

ZUTATEN:
- 1 Tasse (2 Stangen) ungesalzene Bestreichen, weich
- 1/2 Tasse Kristallzucker
- 2 große Eigelb
- 2 Teelöffel Pfefferminzextrakt
- 2 Tassen Allzweckmehl
- 1/2 Tasse ungesüßtes Kakaopulver
- 1/2 Teelöffel Salz
- 1 Tasse Schokoladenganache (aus geschmolzener Schokolade und Sahne)
- Zerkleinerte Zuckerstangen zum Garnieren

ANWEISUNGEN:
a) Heizen Sie Ihren Backofen auf 350 °F (175 °C) vor und legen Sie Backbleche mit Backpapier aus.
b) In einer großen Schüssel die weiche Bestreichen und den Kristallzucker cremig rühren, bis die Masse leicht und locker ist.
c) Fügen Sie die Eigelbe einzeln hinzu und schlagen Sie sie nach jeder Zugabe gut durch. Den Pfefferminzextrakt einrühren.
d) In einer separaten Schüssel Mehl, Kakaopulver und Salz verrühren.
e) Geben Sie nach und nach die trockenen Zutaten zu den feuchten Zutaten und verrühren Sie alles, bis alles gut vermischt ist.
f) Formen Sie den Teig zu 2,5 cm großen Kugeln und legen Sie diese auf die vorbereiteten Backbleche.
g) Machen Sie mit Ihrem Daumen oder der Rückseite eines Löffels eine Vertiefung in der Mitte jedes Kekses.
h) Im vorgeheizten Backofen 10-12 Minuten backen. Aus dem Ofen nehmen und die Vertiefungen bei Bedarf neu definieren.
i) Lassen Sie die Kekse vollständig abkühlen. Füllen Sie jede Vertiefung mit Schokoladenganache und streuen Sie zerkleinerte Zuckerstangen darüber.

DAUMENABDRUCKKEKSE

21. Himbeer-Fingerabdruck-Kekse

ZUTATEN:
- 1 Tasse ungesalzene Bestreichen, weich
- 2/3 Tasse Kristallzucker
- 1 Teelöffel Vanilleextrakt
- 2 Tassen Allzweckmehl
- 1/4 Teelöffel Salz
- Himbeermarmelade zum Füllen

ANWEISUNGEN:
a) Den Backofen auf 350°F (180°C) vorheizen.
b) In einer großen Schüssel die weiche Bestreichen und den Zucker cremig rühren, bis die Masse leicht und locker ist.
c) Den Vanilleextrakt einrühren.
d) In einer separaten Schüssel Mehl und Salz verquirlen.
e) Geben Sie nach und nach die trockenen Zutaten zu den feuchten Zutaten und verrühren Sie alles, bis alles gut vermischt ist.
f) Rollen Sie den Teig zu kleinen Kugeln und legen Sie diese auf ein Backblech.
g) Machen Sie mit Ihrem Daumen oder der Rückseite eines Teelöffels eine Vertiefung in der Mitte jedes Kekses.
h) Füllen Sie jede Vertiefung mit einer kleinen Menge Himbeermarmelade.
i) 10-12 Minuten backen oder bis die Ränder leicht golden sind.
j) Kühlen Sie die Kekse einige Minuten auf dem Backblech ab, bevor Sie sie auf einen Rost legen.

22. Fingerabdruck-Kekse mit Erdnussbestreichen und Gelee

ZUTATEN:
- 1 Tasse ungesalzene Bestreichen, weich
- 1 Tasse Erdnussbestreichen
- 1 Tasse Kristallzucker
- 1 Tasse brauner Zucker
- 2 große Eier
- 1 Teelöffel Vanilleextrakt
- 2 1/2 Tassen Allzweckmehl
- 1 Teelöffel Backpulver
- 1/2 Teelöffel Salz
- Gelee oder Marmelade in Ihrer Lieblingssorte

ANWEISUNGEN:
a) Den Backofen auf 350°F (180°C) vorheizen.
b) In einer großen Schüssel die weiche Bestreichen, die Erdnussbestreichen, den Kristallzucker und den braunen Zucker cremig rühren, bis eine leichte, lockere Masse entsteht.
c) Eier und Vanilleextrakt unterrühren, bis alles gut vermischt ist.
d) In einer separaten Schüssel Mehl, Backpulver und Salz vermischen.
e) Nach und nach die trockenen Zutaten zu den feuchten Zutaten geben und verrühren, bis ein weicher Teig entsteht.
f) Rollen Sie den Teig zu kleinen Kugeln und legen Sie diese auf ein mit Backpapier ausgelegtes Backblech.
g) Machen Sie mit Ihrem Daumen eine Vertiefung in der Mitte jedes Kekses.
h) Füllen Sie jede Vertiefung mit Ihrem Lieblingsgelee oder Ihrer Lieblingsmarmelade.
i) 10-12 Minuten backen oder bis die Ränder leicht golden sind.
j) Kühlen Sie die Kekse einige Minuten auf dem Backblech ab, bevor Sie sie auf einen Rost legen.

23.Fingerabdruck-Kekse von Snickers Bar

ZUTATEN:
- 1 Tasse ungesalzene Bestreichen, weich
- ½ Tasse Kristallzucker
- 2 große Eigelb
- 1 Teelöffel Vanilleextrakt
- 2 Tassen Allzweckmehl
- ½ Teelöffel Salz
- 1 ½ Tassen gehackte Snickers-Riegel

ANWEISUNGEN:

a) Heizen Sie Ihren Backofen auf 350 °F (175 °C) vor und legen Sie ein Backblech mit Backpapier aus.
b) In einer Rührschüssel die weiche Bestreichen und den Kristallzucker cremig rühren, bis die Masse leicht und locker ist.
c) Eigelb und Vanilleextrakt unterrühren, bis alles gut vermischt ist.
d) Nach und nach Mehl und Salz zur Bestreichenmischung geben und verrühren, bis alles gut vermischt ist.
e) Esslöffelgroße Teigportionen zu Kugeln formen und auf das vorbereitete Backblech legen.
f) Machen Sie mit dem Daumen eine Vertiefung in der Mitte jeder Teigkugel.
g) Füllen Sie jede Vertiefung mit einem Teelöffel gehackten Snickers-Riegeln.
h) 12–15 Minuten backen oder bis die Ränder leicht golden sind.
i) Lassen Sie die Kekse einige Minuten auf dem Backblech abkühlen und geben Sie sie dann zum vollständigen Abkühlen auf einen Rost.

24. Nussige Himbeer-Fingerabdruck-Kekse

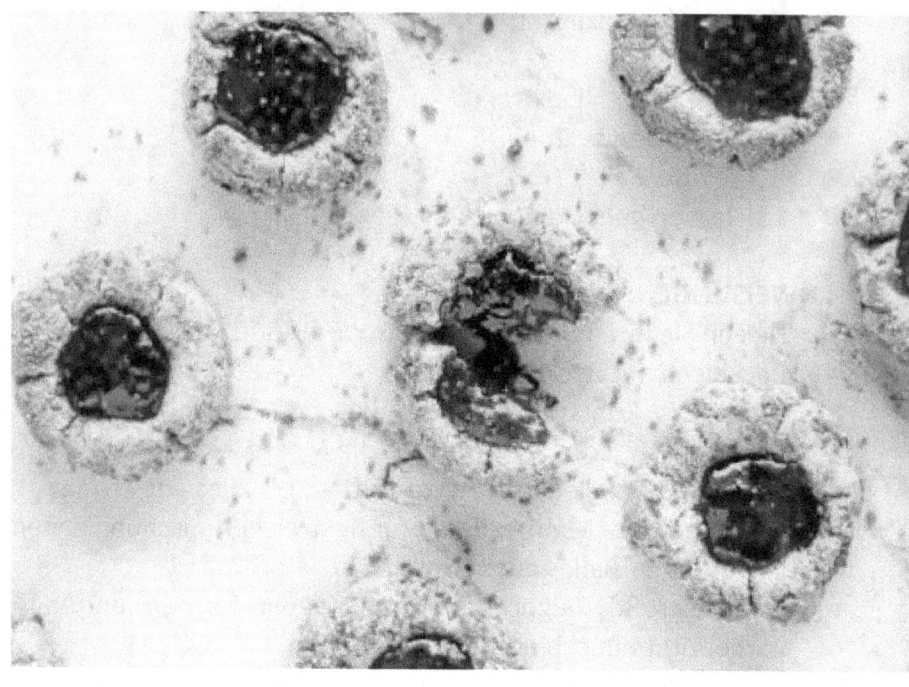

ZUTATEN:
- ⅓ Tasse ungesüßtes Apfelmus
- ¼ Tasse Mandelbestreichen
- ½ Tasse Trockensüßstoff
- 1 Esslöffel gemahlene Leinsamen
- 2 Teelöffel reiner Vanilleextrakt
- 1¾ Tassen Hafermehl
- ½ Teelöffel Backpulver
- ½ Teelöffel Salz
- ½ Tasse Haferflocken
- ½ Tasse fein gehackte Walnüsse
- ⅓ Tasse Himbeermarmelade oder nach Geschmack

ANWEISUNGEN:
a) Heizen Sie den Ofen auf 350 °F vor. Ein großes Backblech mit Backpapier oder einer Silpat-Backmatte auslegen.
b) In einer großen Rührschüssel Apfelmus, Mandelbestreichen, Trockensüßstoff und Leinsamen mit einer starken Gabel verrühren. Sobald es einigermaßen glatt ist, die Vanille untermischen.
c) Mehl, Backpulver und Salz hinzufügen und gut vermischen. Haferflocken und Walnüsse unterheben.
d) Etwa 2 Esslöffel Teig zu einer Kugel rollen und auf das vorbereitete Backblech legen. Wiederholen Sie dies mit dem restlichen Teig, bis Sie 18 Kugeln haben. Sie passen alle auf ein Blech, da sie sich beim Backen kaum verteilen. Befeuchten Sie Ihren Daumen (oder Zeigefinger) und machen Sie eine tiefe Vertiefung in der Mitte jedes Kekses. In jede Vertiefung etwa einen halben Teelöffel Marmelade geben.
e) 10 bis 12 Minuten backen oder bis der Boden der Kekse goldbraun ist.
f) Nehmen Sie die Kekse aus dem Ofen und lassen Sie sie 5 Minuten lang auf den Blechen abkühlen. Legen Sie sie dann zum vollständigen Abkühlen auf ein Kühlregal.

25.Fingerabdruck-Kekses mit Ube Jam

ZUTATEN:
- 1 3/4 Tassen Allzweckmehl
- 1/2 Teelöffel Backpulver
- 1/2 Teelöffel Salz
- 6 Unzen Kokosöl nach Gewicht
- 2/3 Tasse Zucker
- 1 Ei
- 1 Teelöffel Rum
- 1/2 Tasse ungesüßte Kokosraspeln
- Ube Jam

ANWEISUNGEN:

a) Heizen Sie den Ofen auf 350 Grad F vor. Legen Sie 2 Backbleche mit Pergamentpapier oder Silikonmatten aus.

b) Mehl, Backpulver und Salz in einer mittelgroßen Schüssel vermischen.

c) In einer großen Schüssel das Kokosöl und den Zucker mit einem Elektromixer etwa 5 Minuten lang schaumig schlagen. Ei und Rum unterrühren, bis alles gut vermischt ist. Mit einem Gummispatel oder einem Holzlöffel die trockenen Zutaten langsam in zwei Portionen einarbeiten und so lange verrühren, bis alles gut vermischt ist.

d) Teilen Sie den Keksteig in zwei separate Kugeln. Rollen Sie jede Kugel in eine lange Zylinderform mit einem Durchmesser von etwa 3,8 cm. Wickeln Sie jeden Zylinder in Plastikfolie ein und stellen Sie ihn 15 Minuten lang in den Kühlschrank.

e) Geben Sie die Kokosraspeln in eine flache Schüssel.

f) Den Keksteig aus dem Kühlschrank nehmen und auspacken. Schneiden Sie die Keksteigzylinder mit einem Messer in etwa 1,25 cm dicke Kreise. Drücken Sie die Plätzchen in die Kokosraspeln und achten Sie darauf, dass die Kokosnuss so weit wie möglich am Keks haftet. Legen Sie die Kekse dann auf die Backbleche.

g) Machen Sie mit Ihrem Daumen eine etwa 1 cm tiefe Vertiefung in die Mitte jedes Kekses. Geben Sie einen Klecks Ube-Marmelade, etwa einen halben Teelöffel, in die Mitte jedes Kekses. Bestreuen Sie die Oberfläche jedes Kekses nach Wunsch mit weiteren Kokosraspeln.

h) Backen Sie die Kekse etwa 15 bis 18 Minuten lang, bis die Ränder goldbraun sind und die Kokosraspeln geröstet sind. Drehen Sie dabei die Backbleche nach der Hälfte der Backzeit. Aus dem Ofen nehmen und die Kekse auf den Backblechen abkühlen lassen. Aufschlag.

BESTREICHENKEKS-PLÄTZCHEN

26.Mandel-Kurzbrot-Kekse

ZUTATEN:
- 1 Tasse Mehl, Allzweckmehl
- ½ Tasse Maisstärke
- ½ Tasse Zucker, gemahlen
- 1 Tasse Mandeln, fein gehackt
- ¾ Tasse Bestreichen; aufgeweicht

ANWEISUNGEN:

a) Mehl, Maisstärke und Puderzucker mischen; Mandeln unterrühren. Bestreichen hinzufügen; Mit einem Holzlöffel verrühren, bis ein weicher Teig entsteht.

b) Den Teig zu kleinen Kugeln formen. Auf ein ungefettetes Backblech legen; Jede Kugel mit einer leicht bemehlten Gabel flach drücken. Bei 300 Grad 20 bis 25 Minuten backen oder bis die Ränder nur noch leicht gebräunt sind.

c) Vor dem Lagern abkühlen lassen.

27.Kurzbrot-Kekse mit braunem Zucker

ZUTATEN:
- 1 Tasse ungesalzene Bestreichen; Zimmertemperatur
- 1 Tasse hellbrauner Zucker
- 2 Tassen Allzweckmehl
- ¼ Teelöffel Salz
- 1 Esslöffel Zucker
- 1 Teelöffel gemahlener Zimt

ANWEISUNGEN:

a) Backofen auf 325 Grad vorheizen. Eine 9-Zoll-Springform leicht mit Bestreichen bestreichen. Mit einem Elektromixer 1 Tasse Bestreichen in einer größeren Schüssel schlagen, bis sie leicht und locker ist.

b) Braunen Zucker hinzufügen und gut verrühren. Mit einem Gummispatel Mehl und Salz untermischen (nicht zu viel mischen). Den Teig in die vorbereitete Form drücken. Zucker und Zimt in einer kleinen Schüssel vermischen. Zimtzucker über den Teig streuen. Den Teig in 12 Stücke schneiden, dabei das Lineal als Führung verwenden und den Teig durchschneiden. Stechen Sie jeden Keil mehrmals mit einem Zahnstocher ein.

c) Etwa 1 Stunde backen, bis das Mürbeteig braun, an den Rändern fest und in der Mitte leicht weich ist. Das Kurzbrot in der Form auf dem Rost vollständig abkühlen lassen. Pfannenwände entfernen.

28. Macadamia-Kurzbrot-Kekse mit Schokoladenüberzug

ZUTATEN:
- 1 Tasse Bestreichen
- ¾ Tasse Puderzucker
- 1 Teelöffel Vanille
- 2 Tassen gesiebtes Mehl
- ¾ Tasse gehackte Macadamianüsse
- 1 Tasse Milchschokoladenstückchen oder -
- 1 Tasse halbsüße Schokoladenstückchen
- 1½ Teelöffel Gemüsefett

ANWEISUNGEN:

a) In einer großen Rührschüssel Bestreichen, Zucker und Vanille schaumig schlagen. Nach und nach Mehl einrühren, bis alles gut vermischt ist. Macadamianüsse unterrühren.

b) Legen Sie den Teig auf Wachspapier und formen Sie ihn zu einer Rolle mit einem Durchmesser von 5 cm.

c) In Papier und Folie einwickeln und mindestens zwei Stunden oder über Nacht kalt stellen.

d) Backofen auf 300 Grad vorheizen. Rolle in ca. 1 cm dicke Scheiben schneiden. ¼ bis ½ Zoll dick. Auf einem ungefetteten Backblech 20 Minuten backen oder bis die Kekse anfangen zu bräunen. Aus dem Ofen nehmen; auf dem Gitter abkühlen lassen.

e) In der Zwischenzeit in einer kleinen Schüssel Schokoladenstückchen schmelzen (Mikrowelle funktioniert gut) und Backfett einrühren. Gut mischen. Tauchen Sie ein Ende jedes Kekses in die Schokoladenmischung und legen Sie es auf Wachspapier.

f) Kekse kühl stellen, bis die Schokolade hart wird. Kühl lagern.

29. Fruchtige Kurzbrot-Kekse

ZUTATEN:
- 2½ Tasse Mehl
- 1 Teelöffel Weinstein
- 1½ Tasse Puderzucker
- 1 9 oz. Box Nonesuch Hackfleisch
- 1 Teelöffel Vanille
- 1 Teelöffel Backpulver
- 1 Tasse Bestreichen, weich
- 1 Ei

ANWEISUNGEN:
a) Ofen auf 375F vorheizen. 2. Mehl, Soda und Weinstein vermischen.
b) In einer großen Schüssel Bestreichen und Zucker schaumig schlagen. Ei hinzufügen.
c) Vanille und zerbröckeltes Hackfleisch unterrühren.
d) Trockene Zutaten hinzufügen. Gut vermischen, der Teig wird steif.
e) Zu 3,5 cm großen Kugeln rollen. Auf ein ungefettetes Backblech legen und leicht flach drücken.
f) 10-12 Minuten backen oder bis es leicht braun ist.
g) Noch warm mit einer Glasur aus Puderzucker, Milch und Vanille bedecken.

30.Lavendel-Kurzbrot-Kekse

ZUTATEN:
- ½ Tasse ungesalzene Bestreichen bei Zimmertemperatur
- ½ Tasse Puderzucker, ungesiebt
- 2 Teelöffel getrocknete Lavendelblüten
- 1 Teelöffel zerstoßene getrocknete grüne Minzeblätter
- ⅛ Teelöffel Zimt
- 1 Tasse ungesiebtes Mehl

ANWEISUNGEN:
a) Heizen Sie den Ofen auf 325 F vor. Bereiten Sie eine quadratische 8-Zoll-Backform vor, indem Sie sie mit Aluminiumfolie auslegen und die Folie leicht mit einem Pflanzenölspray bestreichen.

b) Die Bestreichen cremig rühren, bis sie leicht und locker ist. Zucker, Lavendel, grüne Minze und Zimt unterrühren. Das Mehl einarbeiten und verrühren, bis die Masse krümelig ist. Kratzen Sie es in die vorbereitete Pfanne und verteilen Sie es, bis es eben ist. Drücken Sie es dabei leicht an, um es gleichmäßig zu verdichten.

c) 25 bis 30 Minuten backen oder bis die Ränder leicht goldbraun sind.

d) Heben Sie sowohl die Folie als auch das Mürbegebäck vorsichtig aus der Form und legen Sie es auf eine Schneidefläche. Schneiden Sie die Riegel mit einem gezackten Messer in Scheiben.

e) Zum vollständigen Abkühlen auf einen Rost legen. In einer gut verschlossenen Dose aufbewahren.

31. Mokka-Kurzbrot-Kekse

ZUTATEN:
- 1 Teelöffel Nescafe Classic Instantkaffee
- 1 Teelöffel kochendes Wasser
- 1 Packung (12 oz) halbsüße Schokoladenstückchen von Nestle Toll House; geteilt
- ¾ Tasse Bestreichen; aufgeweicht
- 1¼ Tasse gesiebter Puderzucker
- 1 Tasse Allzweckmehl
- ⅓ Teelöffel Salz

ANWEISUNGEN:
a) Backofen auf 250 Grad vorheizen. In einer Tasse Nescafe Classic Instantkaffee in kochendem Wasser auflösen; beiseite legen. Über heißem (nicht kochendem) Wasser schmelzen, 1 Tasse halbsüße Schokoladenstückchen von Nestle Toll House; glatt rühren.

b) Vom Herd nehmen; beiseite legen. In einer großen Schüssel Bestreichen, Puderzucker und Kaffee vermischen. glatt rühren. Mehl und Salz nach und nach untermischen.

c) Geschmolzene Häppchen unterrühren. Rollen Sie den Teig zwischen zwei Stücken Wachspapier auf eine Dicke von 3/16 Zoll aus. Oberlaken entfernen; Mit einem 2-½-Zoll-Ausstecher Kekse ausstechen. Vom Wachspapier nehmen und auf ungefettete Backbleche legen. 25 Minuten bei 250 Grad backen. Auf Gitterrosten vollständig abkühlen lassen.

d) Über heißem (nicht kochendem) Wasser schmelzen, übrig bleiben 1 Tasse halbsüße Schokoladenstückchen von Nestle Toll House; glatt rühren. Verteilen Sie einen leicht abgerundeten Teelöffel geschmolzene Schokolade auf der flachen Seite des Kekses. Mit dem zweiten Keks belegen. Wiederholen Sie den Vorgang mit den restlichen Keksen.

e) Kühlen, bis es fest ist. Vor dem Servieren 15 Minuten bei Zimmertemperatur stehen lassen.

32.Erdnuss-Kurzbrot-Kekse

ZUTATEN:
- 250 Milliliter Bestreichen; Ungesalzen, weich
- 60 Milliliter cremige Erdnussbestreichen
- 1 großes weißes Ei; Getrennt
- 5 Milliliter Vanilleextrakt
- 325 Milliliter Allzweckmehl
- 250 Milliliter altmodische Haferflocken
- 60 Milliliter Weizenkeime
- 250 Milliliter gesalzene, trocken geröstete Erdnüsse; fein gehackt
- 250 Milliliter hellbrauner Zucker; fest verpackt

ANWEISUNGEN:
a) In einer Rührschüssel mit einem Elektromixer Bestreichen, Erdnussbestreichen und Zucker schaumig schlagen und dann Eigelb und Vanilleextrakt unterrühren.
b) Mehl, Haferflocken und Weizenkeime hinzufügen und die Mischung verrühren, bis alles gut vermischt ist. Verteilen Sie den Teig gleichmäßig in einer 40 x 27 x 2½ cm (15 -½ x 10-½ x 1 Zoll) großen, mit Bestreichen bestrichenen Brötchenform, glätten Sie die Oberfläche, verteilen Sie leicht geschlagenes Eiweiß auf dem Teig und streuen Sie dann die Erdnüsse gleichmäßig darüber.
c) Backen Sie die Mischung in der Mitte eines vorgeheizten Ofens bei 150 °C (300 °F) 25 bis 30 Minuten lang oder bis die Oberfläche goldbraun ist.
d) Übertragen Sie die Pfanne zum Abkühlen auf einen Rost. Während die Mischung noch HEISS ist, schneiden Sie sie in kleine, gleichmäßige Quadrate und lassen Sie die Kekse in der Form vollständig abkühlen.

33.Gewürzte Kurzbrot-Kekse

ZUTATEN:
- 1 Tasse Margarine, weich
- ⅔ Tasse gesiebter Puderzucker
- ½ Teelöffel gemahlene Muskatnuss
- ½ Teelöffel gemahlener Zimt
- ½ Teelöffel gemahlener Ingwer
- 2 Tassen Allzweckmehl

ANWEISUNGEN:

a) Sahnebestreichen; Fügen Sie nach und nach Zucker hinzu und schlagen Sie mit einem Elektromixer bei mittlerer Geschwindigkeit, bis die Masse leicht und locker ist. Gewürze hinzufügen und gut verrühren.

b) Mehl einrühren. Der Teig wird steif sein. Formen Sie den Teig zu 3,5 cm großen Kugeln und legen Sie diese mit einem Abstand von 5 cm auf leicht gefettete Backbleche. Drücken Sie die Kekse mit einem bemehlten Keksstempel oder einer Gabel leicht zusammen, um sie auf eine Dicke von ¼ Zoll zu glätten. Bei 325 °C 15 bis 18 Minuten backen oder bis es fertig ist. Auf Gitterrosten abkühlen lassen.

34. Pecan Spritzgebäck

ZUTATEN:
- ¾ Pfund Bestreichen
- 1 Tasse Puderzucker
- 3 Tassen Mehl, gesiebt
- ½ Teelöffel Salz
- ½ Teelöffel Vanille
- ¼ Tasse Zucker
- ¾ Tasse Pekannüsse, fein gehackt

ANWEISUNGEN:
a) Bestreichen und Puderzucker schaumig rühren, bis sie hell sind.
b) Mehl und Salz zusammen sieben und zur cremigen Mischung hinzufügen. Vanille hinzufügen und gründlich vermischen. Pekannüsse hinzufügen.
c) Den Teig zu einer Kugel formen, in Wachspapier einwickeln und kalt stellen, bis er fest ist.
d) Den gekühlten Teig auf eine Dicke von ½ Zoll ausrollen. Mit einem Ausstecher Kekse ausstechen. Die Oberfläche mit Kristallzucker bestreuen. Die ausgeschnittenen Kekse auf ein ungefettetes Backblech legen und vor dem Backen 45 Minuten lang in den Kühlschrank stellen.
e) Ofen auf 325F vorheizen.
f) 20 Minuten backen oder bis es gerade anfängt, leicht Farbe zu bekommen; Kekse sollten überhaupt nicht braun werden. Auf einem Gitter abkühlen lassen.

35. Haselnuss-Kurzbrot-Kekse aus Oregon

ZUTATEN:
- 1 Tasse geröstete Oregon-Haselnüsse
- ¾ Tasse Bestreichen; gekühlt
- ¾ Tasse Zucker
- 1½ Tasse ungebleichtes Mehl

ANWEISUNGEN:

a) Geröstete Haselnüsse in einer Küchenmaschine grob mahlen. Bestreichen und Zucker hinzufügen und gründlich verarbeiten. Geben Sie die Mischung aus Nüssen, Bestreichen und Zucker in die Rührschüssel und fügen Sie jeweils eine halbe Tasse Mehl hinzu, wobei Sie jede Zugabe vollständig vermischen. Die Mischung zu einer Kugel formen.

b) Formen Sie 3,5 cm große Kugeln und legen Sie sie im Abstand von etwa 0,5 cm auf ein antihaftbeschichtetes Backblech.

c) Bei 350 °C 10–12 Minuten backen. Restlichen Teig bis zum Backen kühl stellen.

SNICKERDOODLE

36. Maismehl-Snickerdoodles

ZUTATEN:
- 1 Tasse ungesalzene Bestreichen im Zimmer
- Temperatur
- ⅓ Tasse Honig
- ⅓ Tasse Zucker
- 2 große Eier bei Zimmertemperatur
- Fein abgeriebene Schale von 1
- Zitrone
- ½ Teelöffel Vanille
- 1½ Tasse Mehl
- 1 Tasse gelbes Maismehl
- 1 Teelöffel Backpulver
- ½ Teelöffel Salz
- Zucker zum Einrollen der Kekse

ANWEISUNGEN:

a) Bestreichen, Honig und Zucker schaumig rühren. Die Eier unterrühren und die Zitronenschale und Vanille unterrühren. In einer separaten Schüssel Mehl, Maismehl, Backpulver und Salz vermischen.

b) Rühren Sie die trockenen Zutaten in 2 Schritten in die Rahmmischung ein, bis eine gleichmäßige Mischung entsteht. Den Teig abdecken und 3 Stunden im Kühlschrank lagern.

c) Kann über Nacht gekühlt werden. Den Ofen auf 375 °C vorheizen und die Backbleche einfetten. Den Teig zu 2,5 cm großen Kugeln formen. Rollen Sie die Kugeln in Zucker und legen Sie sie im Abstand von etwa 5 cm auf Bleche.

d) 15 Minuten backen, bis die Oberseite leicht resistent gegen leichten Fingerdruck ist.

e) Auf einem Gestell abkühlen lassen.

37. Fettarme Snickerdoodles

ZUTATEN:
- 1½ Tasse Zucker
- ½ Tasse Margarine
- 1 Teelöffel Vanille
- ½ Tasse Eiersatz
- 2¾ Tasse Mehl
- 1 Teelöffel Weinstein
- ½ Teelöffel Backpulver
- ¼ Teelöffel Salz
- 2 Esslöffel Zucker
- 2 Teelöffel Zimt

ANWEISUNGEN:

a) 1½ Tassen Zucker und Margarine schaumig schlagen. Vanille und Ei-Ersatz unterrühren. Mehl, Weinstein, Soda und Salz unterrühren. Den Teig ca. 1 – 2 Stunden kalt stellen.

b) 2 Esslöffel Zucker und Zimt vermischen. Formen Sie den Teig zu 48–1 Zoll großen Kugeln. In der Zucker-Zimt-Mischung wälzen.

c) Legen Sie die Kugeln auf mit Pam besprühte Backbleche.

d) Bei 400 °C 8 bis 10 Minuten backen. Auf Gitterrosten abkühlen lassen.

38. Vollkorn-Snickerdoodles

ZUTATEN:
- 1½ Tasse Zucker
- 1 Tasse Bestreichen, weich
- 1 Ei plus
- 1 Eiweiß
- 1½ Tasse Vollkornmehl
- 1¼ Tasse Allzweckmehl
- 1 Teelöffel Backpulver
- ¼ Teelöffel Salz
- 2 Esslöffel Zucker
- 2 Teelöffel gemahlener Zimt

ANWEISUNGEN:

a) In einer Rührschüssel Zucker und Bestreichen schaumig rühren. Ei und Eiweiß hinzufügen; Gut schlagen. Die trockenen Zutaten vermischen; Zur Rahmmischung hinzufügen und gut verrühren. In einer kleinen Schüssel die Topping- Zutaten vermischen .

b) Den Teig zu walnussgroßen Kugeln formen; In Zimt-Zucker wälzen.

c) Jeweils 2 Stück nebeneinander auf ungefettete Backbleche legen. Bei 400 °C 8–10 Minuten backen.

d) Kekse gehen beim Backen gut auf und werden flach.

39. Eierlikör-Snickerdoodles

ZUTATEN:
- 2¾ Tasse Allzweckmehl
- 2 Teelöffel Weinstein
- 1½ Tasse Zucker
- 1 Teelöffel Backpulver
- 1 Tasse mit Bestreichen weich gemacht
- ¼ Teelöffel Salz
- 2 Eier
- ½ Teelöffel Brandy-Extrakt
- ½ Teelöffel Rum-Extrakt

ZUCKERMISCHUNG
- ¼ Tasse Zucker oder farbiger Zucker
- 1 Teelöffel Muskatnuss

ANWEISUNGEN:
a) Ofen vorheizen: 400 In 3-qt. In der Rührschüssel alle Kekszutaten vermengen.
b) Bei niedriger Geschwindigkeit schlagen und dabei häufig den Schüsselrand abkratzen, bis alles gut vermischt ist (2 bis 4 Min.).
c) In einer kleinen Schüssel die Zuckermischung vermischen. umrühren, um zu vermischen. Aus runden Teelöffeln Teig 2,5 cm große Kugeln formen und in der Zuckermischung wälzen.
d) Im Abstand von 5 cm auf ungefettete Backbleche legen. 8 bis 10 Minuten lang etwa in der Mitte des 400-Grad-Ofens backen, oder bis die Ränder leicht gebräunt sind.

40. Schokoladen-Snickerdoodles

ZUTATEN:
- 2¼ Tasse Zucker
- 2 Teelöffel Kürbiskuchengewürz
- ½ Tasse Kakaopulver
- 1 Tasse Bestreichen, weich
- 2 Eier
- 2 Teelöffel Vanilleextrakt
- 2¼ Tasse Mehl
- 1½ Teelöffel Backpulver

ANWEISUNGEN:

a) In einer großen Rührschüssel Zucker und Gewürze verrühren; Stellen Sie eine halbe Tasse der Mischung in einer flachen Schüssel beiseite.

b) Kakaopulver in die Rührschüssel geben; umrühren, um zu vermischen. Bestreichen hinzufügen; Bei mittlerer Geschwindigkeit schaumig schlagen.

c) Eier und Vanille untermischen. Mehl und Backpulver einrühren.

d) Den Teig zu einer Kugel formen und in der zurückbehaltenen Zuckermischung wälzen.

e) Wiederholen Sie den Vorgang mit dem restlichen Teig und legen Sie ihn im Abstand von 5 cm auf gefettete Backbleche.

f) Im auf 350 Grad vorgeheizten Ofen 12–15 Minuten backen oder bis die Ränder fest sind. Auf dem Gitter abkühlen lassen.

LEBKUCHEN KEKSE

41. Lebkuchenjungen

ZUTATEN:
- 1 Tasse Bestreichen, weich
- 1 1/2 Tassen weißer Zucker
- 1 Ei
- 11/2 Esslöffel Orangenschale
- 2 Esslöffel dunkler Maissirup
- 3 Tassen Allzweckmehl
- 2 Teelöffel Backpulver
- 2 Teelöffel gemahlener Zimt
- 1 Teelöffel gemahlener Ingwer
- 1/2 Teelöffel gemahlene Nelken
- 1/2 Teelöffel Salz

ANWEISUNGEN:

a) Bestreichen und Zucker schaumig rühren. Das Ei dazugeben und gut verrühren. Orangenschale und dunklen Maissirup untermischen. Mehl, Backpulver, Zimt, Ingwer, gemahlene Nelken und Salz hinzufügen und gut verrühren. Teig mindestens 2 Stunden kalt stellen.

b) Heizen Sie den Ofen auf 375 °F (190 °C) vor. Backbleche einfetten. Rollen Sie den Teig auf einer leicht bemehlten Oberfläche auf eine Dicke von 0,6 cm aus. Mit Ausstechformen in die gewünschten Formen schneiden. Legen Sie die Kekse im Abstand von 2,5 cm auf die vorbereiteten Backbleche.

c) Im vorgeheizten Ofen 10 bis 12 Minuten backen, bis die Kekse fest und an den Rändern leicht geröstet sind.

42. Lebkuchenbestreichenkekse

ZUTATEN:
- 1 Tasse ungesalzene Bestreichen, weich
- 1 Tasse brauner Zucker, verpackt
- 1 großes Ei
- 1/4 Tasse Melasse
- 3 Tassen Allzweckmehl
- 1 Teelöffel gemahlener Ingwer
- 1 Teelöffel gemahlener Zimt
- 1/2 Teelöffel gemahlene Nelken
- 1/2 Teelöffel Backpulver
- 1/4 Teelöffel Salz

ANWEISUNGEN:

a) In einer großen Schüssel weiche Bestreichen und brauner Zucker cremig rühren, bis die Masse hell und locker ist.

b) Ei und Melasse unterrühren, bis alles gut vermischt ist.

c) In einer separaten Schüssel Mehl, gemahlenen Ingwer, gemahlenen Zimt, gemahlene Nelken, Backpulver und Salz vermischen.

d) Nach und nach die trockenen Zutaten zu den feuchten Zutaten geben und verrühren, bis ein weicher Teig entsteht.

e) Teilen Sie den Teig in zwei Hälften, formen Sie jede Hälfte zu einer Scheibe, wickeln Sie sie in Plastikfolie ein und stellen Sie sie mindestens 1 Stunde lang in den Kühlschrank.

f) Heizen Sie den Ofen auf 180 °C (350 °F) vor und legen Sie Backbleche mit Backpapier aus.

g) Rollen Sie den Teig auf einer bemehlten Oberfläche etwa Zentimeter dick aus.

h) Mit Ausstechformen die gewünschten Formen ausstechen und auf die Backbleche legen.

i) 8-10 Minuten backen oder bis die Kekse fest sind.

j) Lassen Sie die Kekse einige Minuten auf dem Backblech abkühlen, bevor Sie sie auf einen Rost legen.

43. Schokoladen-Lebkuchenplätzchen

ZUTATEN:
- 2 Tassen Allzweckmehl
- 1/2 Tasse Kakaopulver
- 1 Teelöffel Backpulver
- 1/4 Teelöffel Salz
- 1 Esslöffel gemahlener Ingwer
- 1 Esslöffel gemahlener Zimt
- 1/2 Teelöffel gemahlene Nelken
- 1/2 Tasse ungesalzene Bestreichen, weich
- 1/2 Tasse brauner Zucker, verpackt
- 1/4 Tasse Kristallzucker
- 1 großes Ei
- 1/2 Tasse Melasse
- 1 Teelöffel Vanilleextrakt

ANWEISUNGEN:

a) Heizen Sie Ihren Backofen auf 350 °F (175 °C) vor und legen Sie Backbleche mit Backpapier aus.

b) In einer mittelgroßen Schüssel Mehl, Kakaopulver, Backpulver, Salz, gemahlenen Ingwer, gemahlenen Zimt und gemahlene Nelken vermischen. Beiseite legen.

c) In einer großen Rührschüssel die weiche Bestreichen, den braunen Zucker und den Kristallzucker cremig rühren, bis eine leichte, lockere Masse entsteht.

d) Das Ei zur Bestreichen-Zucker-Mischung geben und nach jeder Zugabe gut verrühren.

e) Melasse und Vanilleextrakt unterrühren, bis alles gut vermischt ist.

f) Nach und nach die trockenen Zutaten zu den feuchten Zutaten geben und verrühren, bis ein weicher Teig entsteht.

g) Löffeln Sie esslöffelgroße Teigportionen ab und rollen Sie diese zu Kugeln. Legen Sie die Teigkugeln auf die vorbereiteten Backbleche und lassen Sie zwischen ihnen etwas Platz.

h) Jede Teigkugel mit der Rückseite eines Löffels oder den Fingern leicht flach drücken.

i) Im vorgeheizten Ofen 10–12 Minuten backen oder bis die Ränder fest, die Mitte aber noch weich sind.

j) Lassen Sie die Kekse einige Minuten auf den Backblechen abkühlen, bevor Sie sie zum vollständigen Abkühlen auf einen Rost legen.

k) Sobald die Kekse vollständig abgekühlt sind, können Sie sie optional mit Zuckerguss oder Puderzucker dekorieren.

44. Geeiste Lebkuchenplätzchen

ZUTATEN:
FÜR DIE KEKSES:
- 3 Tassen Allzweckmehl
- 1 Teelöffel Backpulver
- 1/2 Teelöffel Backpulver
- 1/4 Teelöffel Salz
- 1 Esslöffel gemahlener Ingwer
- 1 Esslöffel gemahlener Zimt
- 1/2 Teelöffel gemahlene Nelken
- 1/2 Tasse ungesalzene Bestreichen, weich
- 1/2 Tasse brauner Zucker, verpackt
- 1/2 Tasse Melasse
- 1 großes Ei
- 1 Teelöffel Vanilleextrakt

Für die Glasur:
- 2 Tassen Puderzucker
- 1-2 Esslöffel Milch
- 1/2 Teelöffel Vanilleextrakt
- Lebensmittelfarbe (optional)

ANWEISUNGEN:
FÜR DIE KEKSES:
a) In einer mittelgroßen Schüssel Mehl, Backpulver, Natron, Salz, gemahlenen Ingwer, gemahlenen Zimt und gemahlene Nelken vermischen. Beiseite legen.
b) In einer großen Rührschüssel die weiche Bestreichen, den braunen Zucker und die Melasse cremig rühren, bis die Masse hell und locker ist.
c) Das Ei und den Vanilleextrakt zur Bestreichen-Zucker-Mischung geben und nach jeder Zugabe gut verrühren.
d) Nach und nach die trockenen Zutaten zu den feuchten Zutaten geben und verrühren, bis ein weicher Teig entsteht.
e) Teilen Sie den Teig in zwei Portionen, drücken Sie jede zu einer Scheibe flach, wickeln Sie sie in Plastikfolie ein und stellen Sie sie mindestens 1 Stunde lang in den Kühlschrank.
f) Heizen Sie Ihren Backofen auf 350 °F (175 °C) vor und legen Sie Backbleche mit Backpapier aus.
g) Rollen Sie den gekühlten Teig auf einer bemehlten Oberfläche etwa 0,6 cm dick aus. Mit Lebkuchen-Ausstechformen Formen ausstechen und auf die vorbereiteten Backbleche legen.
h) Im vorgeheizten Ofen 8-10 Minuten backen oder bis die Ränder fest sind. Lassen Sie die Kekse einige Minuten auf den Backblechen abkühlen, bevor Sie sie zum vollständigen Abkühlen auf einen Rost legen.

Für die Glasur:
i) In einer Schüssel Puderzucker, Milch und Vanilleextrakt verrühren, bis eine glatte, dicke Glasur entsteht. Fügen Sie bei Bedarf mehr Milch hinzu, um die gewünschte Konsistenz zu erreichen.
j) Wenn Sie möchten, teilen Sie die Glasur auf separate Schüsseln auf und geben Sie in jede Schüssel Lebensmittelfarbe, um unterschiedliche Farben zu erhalten.
k) Sobald die Kekse vollständig abgekühlt sind, verwenden Sie einen Spritzbeutel oder einen kleinen Spatel, um die Kekse mit der vorbereiteten Glasur zu bestreichen. Lassen Sie die Glasur vor dem Servieren oder Aufbewahren fest werden.

45.Nussige Lebkuchenplätzchen

ZUTATEN:
- 2 1/2 Tassen Allzweckmehl
- 1 Teelöffel Backpulver
- 1/4 Teelöffel Salz
- 1 Esslöffel gemahlener Ingwer
- 1 Esslöffel gemahlener Zimt
- 1/2 Teelöffel gemahlene Nelken
- 1/2 Tasse ungesalzene Bestreichen, weich
- 1/2 Tasse brauner Zucker, verpackt
- 1/4 Tasse Kristallzucker
- 1/2 Tasse gehackte Nüsse (z. B. Walnüsse oder Pekannüsse)
- 1 großes Ei
- 1/2 Tasse Melasse
- 1 Teelöffel Vanilleextrakt

ANWEISUNGEN:
a) Heizen Sie Ihren Backofen auf 350 °F (175 °C) vor und legen Sie Backbleche mit Backpapier aus.
b) In einer mittelgroßen Schüssel Mehl, Backpulver, Salz, gemahlenen Ingwer, gemahlenen Zimt und gemahlene Nelken vermischen. Beiseite legen.
c) In einer großen Rührschüssel die weiche Bestreichen, den braunen Zucker und den Kristallzucker cremig rühren, bis eine leichte, lockere Masse entsteht.
d) Das Ei zur Bestreichen-Zucker-Mischung geben und nach jeder Zugabe gut verrühren.
e) Melasse und Vanilleextrakt unterrühren, bis alles gut vermischt ist.
f) Nach und nach die trockenen Zutaten zu den feuchten Zutaten geben und verrühren, bis ein weicher Teig entsteht.
g) Die gehackten Nüsse unterheben, bis sie gleichmäßig im Teig verteilt sind.
h) Löffeln Sie esslöffelgroße Teigportionen ab und rollen Sie diese zu Kugeln. Legen Sie die Teigkugeln auf die vorbereiteten Backbleche und lassen Sie zwischen ihnen etwas Platz.
i) Jede Teigkugel mit der Rückseite eines Löffels oder den Fingern leicht flach drücken.
j) Im vorgeheizten Ofen 10–12 Minuten backen oder bis die Ränder fest, die Mitte aber noch weich sind.
k) Lassen Sie die Kekse einige Minuten auf den Backblechen abkühlen, bevor Sie sie zum vollständigen Abkühlen auf einen Rost legen.
l) Sobald die Kekse vollständig abgekühlt sind, können Sie diese nussigen Lebkuchenplätzchen mit der herrlichen Knusprigkeit der gehackten Nüsse genießen.

46.Zitronen-Lebkuchenplätzchen

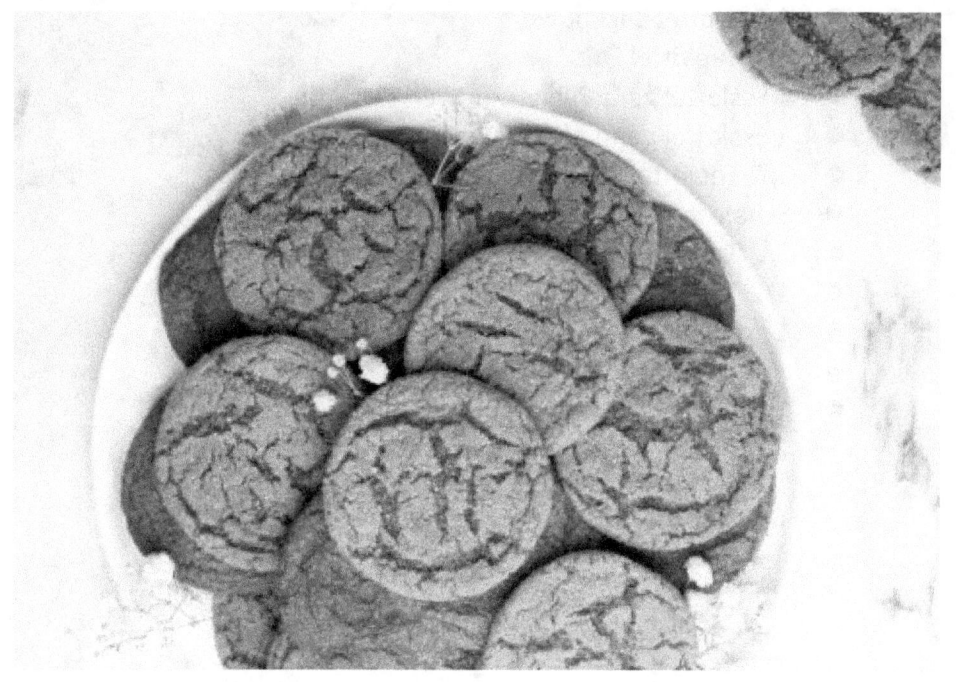

ZUTATEN:
- 3 Tassen Allzweckmehl
- 1 Teelöffel Backpulver
- 1/4 Teelöffel Salz
- 1 Esslöffel gemahlener Ingwer
- 1 Esslöffel gemahlener Zimt
- 1/2 Teelöffel gemahlene Nelken
- Schale von 1 Zitrone
- 1/2 Tasse ungesalzene Bestreichen, weich
- 1/2 Tasse brauner Zucker, verpackt
- 1 großes Ei
- 1/2 Tasse Melasse
- 1 Teelöffel Vanilleextrakt
- 2 Esslöffel frischer Zitronensaft

ANWEISUNGEN:

a) Heizen Sie Ihren Backofen auf 350 °F (175 °C) vor und legen Sie Backbleche mit Backpapier aus.
b) In einer mittelgroßen Schüssel Mehl, Backpulver, Salz, gemahlenen Ingwer, gemahlenen Zimt, gemahlene Nelken und die Zitronenschale verrühren. Beiseite legen.
c) In einer großen Rührschüssel die weiche Bestreichen, den braunen Zucker und die Melasse cremig rühren, bis die Masse hell und locker ist.
d) Das Ei zur Bestreichen-Zucker-Mischung geben und nach jeder Zugabe gut verrühren.
e) Vanilleextrakt und frischen Zitronensaft unterrühren, bis alles gut vermischt ist.
f) Nach und nach die trockenen Zutaten zu den feuchten Zutaten geben und verrühren, bis ein weicher Teig entsteht.
g) Löffeln Sie esslöffelgroße Teigportionen ab und rollen Sie diese zu Kugeln. Legen Sie die Teigkugeln auf die vorbereiteten Backbleche und lassen Sie zwischen ihnen etwas Platz.
h) Jede Teigkugel mit der Rückseite eines Löffels oder den Fingern leicht flach drücken.
i) Im vorgeheizten Ofen 10–12 Minuten backen oder bis die Ränder fest, die Mitte aber noch weich sind.
j) Lassen Sie die Kekse einige Minuten auf den Backblechen abkühlen, bevor Sie sie zum vollständigen Abkühlen auf einen Rost legen.
k) Sobald die Kekse vollständig abgekühlt sind, können Sie sie optional mit Zitronenglasur beträufeln oder glasieren, um ihnen einen zusätzlichen Hauch von Zitrusgeschmack zu verleihen.

LINZER PLÄTZCHEN

47. Schokoladen-Haselnuss-Linzer-Kekse

ZUTATEN:
- 1 Tasse (2 Stangen) ungesalzene Bestreichen, weich
- 1/2 Tasse Kristallzucker
- 1 Teelöffel Vanilleextrakt
- 1 Tasse Allzweckmehl
- 1 Tasse gemahlene Haselnüsse oder Haselnussmehl
- 1/4 Tasse Kakaopulver
- 1/2 Tasse Schokoladen-Haselnuss-Aufstrich (z. B. Nutella)
- Puderzucker zum Bestäuben

ANWEISUNGEN:
a) In einer großen Schüssel die weiche Bestreichen und den Kristallzucker cremig rühren, bis die Masse leicht und locker ist.
b) Den Vanilleextrakt hinzufügen und verrühren, bis alles gut vermischt ist.
c) In einer separaten Schüssel Mehl, gemahlene Haselnüsse und Kakaopulver vermischen.
d) Geben Sie nach und nach die trockenen Zutaten zu den feuchten Zutaten und verrühren Sie alles, bis alles gut vermischt ist.
e) Teilen Sie den Teig in zwei Hälften, wickeln Sie jede Portion in Plastikfolie ein und stellen Sie sie mindestens 1 Stunde lang in den Kühlschrank.
f) Heizen Sie Ihren Backofen auf 350 °F (175 °C) vor und legen Sie Backbleche mit Backpapier aus.
g) Einen Teil des Teigs auf einer bemehlten Oberfläche etwa Zentimeter dick ausrollen.
h) Mit einem runden Ausstecher Kekse ausstechen und auf die vorbereiteten Backbleche legen.
i) Schneiden Sie mit einem kleineren runden Ausstecher die Mitte der Hälfte der Kekse aus.
j) 10-12 Minuten backen oder bis die Ränder fest sind. Lassen Sie die Kekse vollständig abkühlen.
k) Eine dünne Schicht Schoko-Haselnuss-Creme auf die festen Kekse streichen und anschließend die ausgeschnittenen Kekse darauflegen.
l) Vor dem Servieren die Spitzen mit Puderzucker bestäuben.

48.Aprikosen-Mandel-Linzer-Kekse

ZUTATEN:
- 1 Tasse (2 Stangen) ungesalzene Bestreichen, weich
- 1/2 Tasse Kristallzucker
- 1 Teelöffel Mandelextrakt
- 2 Tassen Allzweckmehl
- 1 Tasse gemahlene Mandeln oder Mandelmehl
- 1/2 Tasse Aprikosenkonfitüre
- Gehackte Mandeln zur Dekoration
- Puderzucker zum Bestäuben

ANWEISUNGEN:

a) In einer großen Schüssel die weiche Bestreichen und den Kristallzucker cremig rühren, bis die Masse leicht und locker ist.
b) Den Mandelextrakt hinzufügen und verrühren, bis alles gut vermischt ist.
c) In einer separaten Schüssel das Mehl und die gemahlenen Mandeln vermischen.
d) Geben Sie nach und nach die trockenen Zutaten zu den feuchten Zutaten und verrühren Sie alles, bis alles gut vermischt ist.
e) Teilen Sie den Teig in zwei Hälften, wickeln Sie jede Portion in Plastikfolie ein und stellen Sie sie mindestens 1 Stunde lang in den Kühlschrank.
f) Heizen Sie Ihren Backofen auf 350 °F (175 °C) vor und legen Sie Backbleche mit Backpapier aus.
g) Einen Teil des Teigs auf einer bemehlten Oberfläche etwa Zentimeter dick ausrollen.
h) Mit einem runden Ausstecher Kekse ausstechen und auf die vorbereiteten Backbleche legen.
i) Schneiden Sie mit einem kleineren runden Ausstecher die Mitte der Hälfte der Kekse aus.
j) 10-12 Minuten backen oder bis die Ränder leicht golden sind. Lassen Sie die Kekse vollständig abkühlen.
k) Die festen Kekse mit einer dünnen Schicht Aprikosenmarmelade bestreichen und anschließend die ausgeschnittenen Kekse darauflegen.
l) Vor dem Servieren mit gehobelten Mandeln dekorieren und die Spitzen mit Puderzucker bestäuben.

49.Zitronen-Blaubeer-Linzer-Kekse

ZUTATEN:
- 1 Tasse (2 Stangen) ungesalzene Bestreichen, weich
- 1/2 Tasse Kristallzucker
- Schale von 1 Zitrone
- 2 Tassen Allzweckmehl
- 1 Tasse gemahlene Mandeln oder Mandelmehl
- 1/2 Teelöffel Mandelextrakt
- 1/2 Tasse Blaubeermarmelade
- Puderzucker zum Bestäuben

ANWEISUNGEN:

a) In einer großen Schüssel die weiche Bestreichen, den Kristallzucker und die Zitronenschale cremig rühren, bis die Masse leicht und locker ist.
b) Den Mandelextrakt hinzufügen und verrühren, bis alles gut vermischt ist.
c) In einer separaten Schüssel das Mehl und die gemahlenen Mandeln vermischen.
d) Geben Sie nach und nach die trockenen Zutaten zu den feuchten Zutaten und verrühren Sie alles, bis alles gut vermischt ist.
e) Teilen Sie den Teig in zwei Hälften, wickeln Sie jede Portion in Plastikfolie ein und stellen Sie sie mindestens 1 Stunde lang in den Kühlschrank.
f) Heizen Sie Ihren Backofen auf 350 °F (175 °C) vor und legen Sie Backbleche mit Backpapier aus.
g) Einen Teil des Teigs auf einer bemehlten Oberfläche etwa Zentimeter dick ausrollen.
h) Mit einem runden Ausstecher Kekse ausstechen und auf die vorbereiteten Backbleche legen.
i) Schneiden Sie mit einem kleineren runden Ausstecher die Mitte der Hälfte der Kekse aus.
j) 10-12 Minuten backen oder bis die Ränder leicht golden sind. Lassen Sie die Kekse vollständig abkühlen.
k) Die festen Kekse mit einer dünnen Schicht Blaubeermarmelade bestreichen und anschließend die ausgeschnittenen Kekse darauflegen.
l) Vor dem Servieren die Spitzen mit Puderzucker bestäuben.

50.Schoko-Orangen-Linzer-Kekse

ZUTATEN:
- 1 Tasse (2 Stangen) ungesalzene Bestreichen, weich
- 1/2 Tasse Kristallzucker
- Schale von 1 Orange
- 2 Tassen Allzweckmehl
- 1 Tasse gemahlene Mandeln oder Mandelmehl
- 1/4 Tasse Kakaopulver
- 1/2 Teelöffel Mandelextrakt
- Orangenmarmelade zum Füllen
- Puderzucker zum Bestäuben

ANWEISUNGEN:

a) In einer großen Schüssel die weiche Bestreichen, den Kristallzucker und die Orangenschale cremig rühren, bis die Masse leicht und locker ist.
b) Den Mandelextrakt hinzufügen und verrühren, bis alles gut vermischt ist.
c) In einer separaten Schüssel Mehl, gemahlene Mandeln und Kakaopulver vermischen.
d) Geben Sie nach und nach die trockenen Zutaten zu den feuchten Zutaten und verrühren Sie alles, bis alles gut vermischt ist.
e) Teilen Sie den Teig in zwei Hälften, wickeln Sie jede Portion in Plastikfolie ein und stellen Sie sie mindestens 1 Stunde lang in den Kühlschrank.
f) Heizen Sie Ihren Backofen auf 350 °F (175 °C) vor und legen Sie Backbleche mit Backpapier aus.
g) Einen Teil des Teigs auf einer bemehlten Oberfläche etwa Zentimeter dick ausrollen.
h) Mit einem runden Ausstecher Kekse ausstechen und auf die vorbereiteten Backbleche legen.
i) Schneiden Sie mit einem kleineren runden Ausstecher die Mitte der Hälfte der Kekse aus.
j) 10-12 Minuten backen oder bis die Ränder fest sind. Lassen Sie die Kekse vollständig abkühlen.
k) Die festen Kekse mit einer dünnen Schicht Orangenmarmelade bestreichen und anschließend die ausgeschnittenen Kekse darauflegen.
l) Vor dem Servieren die Spitzen mit Puderzucker bestäuben.

51.Pekannuss-Ahorn-Linzer-Kekse

ZUTATEN:

- 1 Tasse (2 Stangen) ungesalzene Bestreichen, weich
- 1/2 Tasse Kristallzucker
- 1 Tasse fein gehackte Pekannüsse
- 2 Tassen Allzweckmehl
- 1/2 Teelöffel Zimt
- 1/2 Tasse Ahornsirup
- Himbeermarmelade zum Füllen
- Puderzucker zum Bestäuben

ANWEISUNGEN:

a) In einer großen Schüssel die weiche Bestreichen, den Kristallzucker und die gehackten Pekannüsse cremig rühren, bis eine leichte, lockere Masse entsteht.
b) In einer separaten Schüssel Mehl und Zimt verquirlen.
c) Geben Sie nach und nach die trockenen Zutaten zu den feuchten Zutaten und verrühren Sie alles, bis alles gut vermischt ist.
d) Den Ahornsirup einrühren, bis der Teig zusammenkommt.
e) Teilen Sie den Teig in zwei Hälften, wickeln Sie jede Portion in Plastikfolie ein und stellen Sie sie mindestens 1 Stunde lang in den Kühlschrank.
f) Heizen Sie Ihren Backofen auf 350 °F (175 °C) vor und legen Sie Backbleche mit Backpapier aus.
g) Einen Teil des Teigs auf einer bemehlten Oberfläche etwa Zentimeter dick ausrollen.
h) Mit einem runden Ausstecher Kekse ausstechen und auf die vorbereiteten Backbleche legen.
i) Schneiden Sie mit einem kleineren runden Ausstecher die Mitte der Hälfte der Kekse aus.
j) 10-12 Minuten backen oder bis die Ränder leicht golden sind. Lassen Sie die Kekse vollständig abkühlen.
k) Die festen Kekse mit einer dünnen Schicht Himbeermarmelade bestreichen und anschließend die ausgeschnittenen Kekse darauflegen.
l) Vor dem Servieren die Spitzen mit Puderzucker bestäuben.

52. Himbeer-Linzer-Bestreichenkekse

ZUTATEN:
- 1 Tasse ungesalzene Bestreichen, weich
- 1/2 Tasse Kristallzucker
- 2 große Eigelb
- 1 Teelöffel Vanilleextrakt
- 2 1/4 Tassen Allzweckmehl
- 1/2 Tasse gemahlene Mandeln
- 1/4 Teelöffel Zimt
- Himbeermarmelade

ANWEISUNGEN:

a) Heizen Sie den Ofen auf 180 °C (350 °F) vor und legen Sie Backbleche mit Backpapier aus.

b) In einer großen Schüssel weiche Bestreichen und Zucker cremig rühren, bis die Masse leicht und locker ist.

c) Eigelb und Vanilleextrakt unterrühren, bis alles gut vermischt ist.

d) In einer separaten Schüssel Mehl, gemahlene Mandeln und Zimt vermischen.

e) Nach und nach die trockenen Zutaten zu den feuchten Zutaten geben und verrühren, bis ein weicher Teig entsteht.

f) Den Teig halbieren und jede Hälfte zu einer Scheibe formen. In Plastikfolie einwickeln und mindestens 1 Stunde im Kühlschrank lagern.

g) Heizen Sie den Ofen auf 180 °C (350 °F) vor und legen Sie Backbleche mit Backpapier aus.

h) Rollen Sie eine Teigscheibe auf einer bemehlten Oberfläche auf eine Dicke von etwa 1/4 Zoll aus.

i) Verwenden Sie Ausstechformen, um Formen auszustechen, und achten Sie darauf, in die Hälfte der Kekse ein kleines Fenster zu schneiden.

j) Legen Sie die Kekse auf die Backbleche und backen Sie sie 10–12 Minuten lang oder bis die Ränder leicht golden sind.

k) Lassen Sie die Kekse einige Minuten auf dem Backblech abkühlen, bevor Sie sie auf einen Rost legen.

l) Die ganzen Plätzchen mit Himbeermarmelade bestreichen und die Fensterplätzchen darauflegen.

53.Yuzu Linzer Kekse

ZUTATEN:
LINZER PLÄTZCHEN
- 2 ½ Tassen 300 g Allzweckmehl
- 1 Tasse 100 g Mandelmehl, blanchiert und superfein
- ½ Teelöffel 4 g Salz
- ½ Teelöffel 1 g gemahlener Zimt
- 1 Tasse 226 g Bestreichen, Zimmertemperatur
- 1 Tasse 120 g Puderzucker, gesiebt
- 2 große Eigelb
- 2 Teelöffel Vanilleextrakt oder 1 Teelöffel Vanilleextrakt + 1 ganze Vanilleschote
- 1 Teelöffel Zitronenschale
- Optional Puderzucker zum Bestreuen

Yuzu-Quark
- 3 große Eier
- ½ Tasse 110 g Kristallzucker
- 4 ½ Esslöffel 75 g Yuzu-Saft
- 1 Esslöffel 15 g Zitronensaft
- 2 Teelöffel 7 g Zitronenschale
- ⅛ Teelöffel Meersalz
- ⅓ Tasse 75 g ungesalzene Bestreichen, gewürfelt bei Zimmertemperatur

ANWEISUNGEN:
BESTREICHENKEKS-PLÄTZCHEN

a) Die trockenen Zutaten vermischen. In einer mittelgroßen Rührschüssel Allzweckmehl, Mandelmehl, Salz und Zimt verquirlen, bis eine gleichmäßige Masse entsteht.

b) Die feuchten Zutaten vermischen. In einer großen Rührschüssel Ihrer Küchenmaschine die zimmerwarme Bestreichen bei mittlerer Geschwindigkeit etwa 1–2 Minuten lang schaumig und cremig schlagen. Kratzen Sie die Seiten der Schüssel mit einem Gummispatel ab, fügen Sie Zucker hinzu und verrühren Sie alles, bis es schaumig ist. Als nächstes fügen Sie das Eigelb, die Vanille und die Zitronenschale hinzu, bis alles gut vermischt ist.

c) Die trockenen Zutaten zu den nassen Zutaten hinzufügen. Geben Sie die trockenen Zutaten zur Bestreichenmischung und verrühren Sie sie 1 Minute lang oder bis alles gut vermischt ist. Kratzen Sie die Seiten der Schüssel ab und mischen Sie weiter, bis alles gut vermischt ist.

d) Den Teig abkühlen lassen. Teilen Sie den Teig in zwei Teile und formen Sie daraus 1 Zoll dicke Scheiben. Mit Plastikfolie fest einwickeln und mindestens 1 Stunde im Kühlschrank ruhen lassen, bis es abgekühlt ist. Der Teig ist bis zu 2 Tage haltbar.

e) Bereiten Sie den Ofen und die Backbleche vor. Ofen auf 350°F vorheizen.

f) 2 Backbleche mit Backpapier oder Backpapier auslegen. Beiseite legen.

g) Den Teig ausrollen und schneiden. Auf einer bemehlten Fläche Teigscheiben auf eine Dicke von ¼ Zoll ausrollen. Schneiden Sie Kekse in den gewünschten Formen aus und legen Sie sie mit einem Abstand von etwa 1–2 Zoll dazwischen auf die vorbereiteten Backbleche. Denken Sie daran, eine Hälfte feste Formen und eine andere Hälfte mit ausgeschnittenen „Fenstern" auszuschneiden. Wiederholen Sie diesen Vorgang, bis der gesamte Teig ausgeschnitten ist. Kühlen Sie den Teig weitere 15 Minuten lang, wenn der Teig zu weich ist.

h) Backen. Backen Sie die Kekse einzeln etwa 10–12 Minuten lang oder bis die Ränder leicht goldbraun sind. Unterschiedliche Größen erfordern unterschiedliche Garzeiten. Achten Sie also genau auf die letzten Minuten, um sicherzustellen, dass sie nicht zu lange garen! Kühlen Sie die Kekse 5 Minuten lang ab, bevor Sie sie zum vollständigen Abkühlen auf ein Kühlregal legen.

Yuzu-Quark

i) In einer mittelhitzebeständigen Schüssel Eier, Zucker, Yuzu-Saft, Zitronenschale und Salz hinzufügen und verrühren.

j) Stellen Sie die Schüssel in einen Wasserbad. Stellen Sie die Schüssel über einen mit Wasser gefüllten Topf und achten Sie darauf, dass das Wasser die Schüssel nicht berührt. Erhitzen Sie den Wasserbad auf mittlerer bis hoher Stufe und rühren Sie kontinuierlich und vorsichtig um, um eine cremige Konsistenz und ein gleichmäßiges Garen zu erzielen. Sie müssen mindestens 10–15 Minuten lang ununterbrochen rühren oder bis es eindickt und eine Temperatur von 160 °F erreicht.

k) Bestreichen hinzufügen. Sobald der Quark eingedickt ist, nehmen Sie ihn vom Herd und heben Sie die Bestreichen mit einem Gummispatel unter.

l) Den Quark abseihen. Gießen Sie den Quark mithilfe eines feinmaschigen Siebs durch das Sieb in eine saubere Schüssel. Decken Sie den Zitronenquark mit Plastikfolie ab und achten Sie darauf, dass die Plastikfolie den Quark berührt, um zu verhindern, dass sich ein Film bildet.

m) Füllen Sie abgekühlte Kekse mit dem Yuzu-Quark, indem Sie den Quark auf der Unterseite des gesamten Kekses verteilen und den Keks mit dem ausgeschnittenen Fenster oben platzieren. Mit Puderzucker bestreuen.

KÜRBISKEKSE

54.Kürbiskekse

ZUTATEN:
- 1½ Tassen frisches Kürbispüree oder aus der Dose
- ½ Tasse Backfett
- 1¼ Tasse brauner Zucker
- 2 Eier
- 1 Teelöffel Vanille
- 1½ Tassen gesiebtes Mehl
- ½ Teelöffel Salz
- 4 Teelöffel Backpulver
- 1 Teelöffel Zimt
- ½ Teelöffel Muskatnuss
- 1 Tasse Rosinen
- 1 Tasse gehackte Nüsse

ANWEISUNGEN:
a) Mehl, Backpulver, Zimt, Muskatnuss und Salz in einer mittelgroßen Schüssel vermischen.
b) Zucker und Backfett in einer großen Rührschüssel gut verrühren.
c) Kürbis, Ei und 1 Teelöffel Vanilleextrakt unterrühren, bis eine glatte Masse entsteht.
d) Nach und nach die Mehlmischung unterrühren. Rosinen und Nüsse untermischen.
e) Geben Sie einen abgerundeten Esslöffel im Abstand von etwa 5 cm auf ein gefettetes Backblech.
f) Im 180 °C heißen Ofen etwa 15 Minuten lang backen oder bis die Ränder fest sind.
g) Auf Backblechen 2 Minuten abkühlen lassen; Zum vollständigen Abkühlen auf Gitterroste legen.

55. Kekse mit Kürbis und frischem Ingwer

ZUTATEN:
- 1¼ Tasse hellbrauner Zucker
- 1 Tasse Kürbispüree
- 1 großes Ei
- 2 Esslöffel geriebene frische Ingwerwurzel
- 2 Esslöffel Sauerrahm
- 1 Teelöffel Vanille
- ½ Tasse ungesalzene, weiche Bestreichen
- 2¼ Tasse Mehl
- 1 Teelöffel Backpulver
- 1 Teelöffel Backpulver
- ½ Teelöffel Salz
- ½ Teelöffel Zimt
- 1 Tasse gehackte Walnüsse
- 1 Tasse Johannisbeeren oder gehackte Rosinen

ANWEISUNGEN:
a) Den Ofen auf 350 °C vorheizen und die Backbleche leicht einfetten. Zucker, Kürbis, Ei, Ingwer, Sauerrahm und Vanille in einer Küchenmaschine vermischen.
b) Ein glattes Püree verarbeiten. Die Bestreichen hinzufügen und weitere 8 Sekunden verrühren.
c) Mehl, Natron, Backpulver, Salz und Zimt vermischen. Rühren Sie die trockenen Zutaten in zwei Schritten in die Flüssigkeit ein, bis sie vermischt sind.

56. Kürbis-Snickerdoodle-Keks

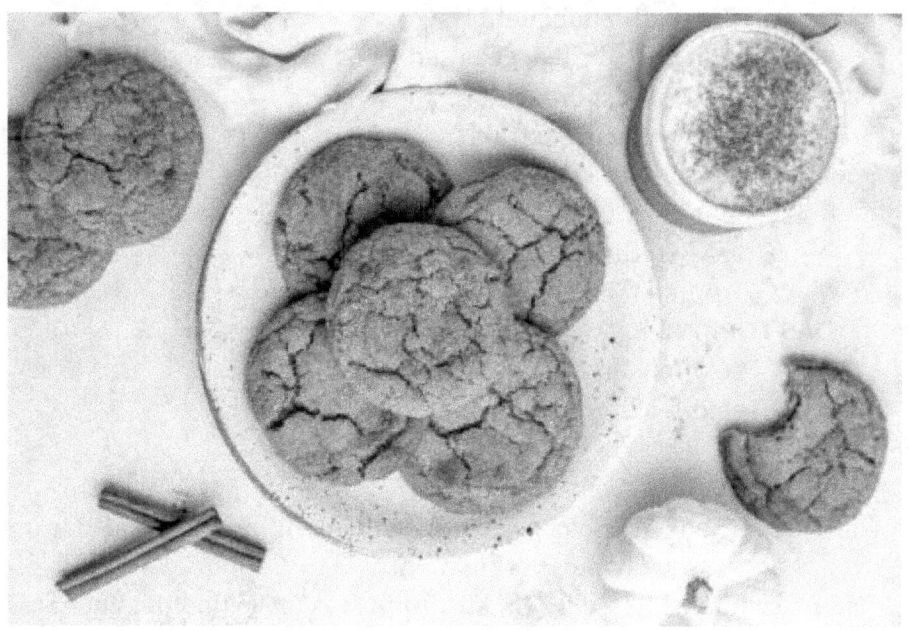

ZUTATEN:
DIE KEKSE
- 1 ½ Tassen Mandelmehl
- ¼ Tasse Bestreichen, gesalzen
- ½ Tasse Kürbispüree
- 1 Teelöffel Vanilleextrakt
- ½ Teelöffel Backpulver
- 1 großes Ei
- ¼ Tasse Erythrit
- 25 Tropfen flüssiges Stevia

DAS TOPPING
- 1 Teelöffel Kürbiskuchengewürz
- 2 Teelöffel Erythrit

ANWEISUNGEN:
a) Ofen auf 350F vorheizen. Mandelmehl, Erythrit und Backpulver abmessen und gut vermischen.
b) Zweitens: Bestreichen, Kürbispüree, Vanille und flüssiges Stevia in einem separaten Behälter abmessen.
c) Bei Bedarf die Mischung in der Mikrowelle erhitzen, um das Mischen zu erleichtern. Alle feuchten Zutaten zum Mandelmehl und Erythrit geben.
d) Alles gut verrühren, bis ein Blätterteig entsteht.
e) Rollen Sie den Teig zu kleinen Kugeln und legen Sie diese auf ein mit Silpat bedecktes Backblech. Insgesamt sollten Sie etwa 15 Kekse haben.
f) Die Kugeln mit der Hand flach drücken und 12-13 Minuten backen.
g) Während die Kekse backen, 2 Teelöffel Erythritol und 1 Teelöffel Kürbiskuchengewürz durch eine Gewürzmühle geben, um das Erythritol zu pulverisieren.
h) Sobald die Kekse aus dem Ofen sind, mit dem Topping bestreuen und vollständig abkühlen lassen.

57.Kürbis-Schokoladenkekse

ZUTATEN:
- 18½ Unzen Gewürzkuchenmischung
- 15-Unzen-Dose Kürbis
- 6-Unzen-Pkg. halbsüße Schokoladenstückchen

ANWEISUNGEN:
a) Zutaten kombinieren und gut vermischen.
b) Teelöffelweise auf ungefettete Backbleche verteilen. 14 Minuten bei 375 Grad backen.
c) Auf einem Kuchengitter abkühlen lassen.

58. Kürbiskuchen-Gewürz-Scone-Kekse

ZUTATEN:

- 1 ¼ Tasse Kürbispüree, abgesiebt
- 2 Teelöffel Zimt
- 2 Teelöffel Garam Masala
- 1 Esslöffel Kokosöl-Kochspray
- 2 große Eier
- 1 Teelöffel Vanilleextrakt
- 1 Teelöffel Backpulver
- 1 Tasse Mandelmehl
- ¼ Tasse Bestreichen
- ¼ Tasse Kürbiskuchengewürz

ANWEISUNGEN:

a) Beginnen Sie mit dem Sammeln Ihres Winterkürbiss und einem guten Messerofen bei 400 °F.
b) Den Kürbis halbieren. Bei Bedarf können Sie ein gezahntes Messer oder ein scharfes Kochmesser verwenden.
c) Kratzen Sie alle „Eingeweide" des Kürbisses einschließlich der Kerne heraus. Sie können die Samen zum späteren Rösten als Snack aufbewahren, aber ich werfe sie normalerweise weg.
d) Schneiden Sie den Kürbis im Einklang mit den Rillen der natürlichen Form.
e) Legen Sie jedes Kürbisstück auf ein mit Backpapier ausgelegtes Backblech und besprühen Sie es mit Kokosöl. Mit Zimt und Garam Masala würzen, dann alle Scheiben umdrehen und den Vorgang wiederholen, sodass beide Seiten gewürzt sind.
f) Backen Sie den Kürbis etwa 30–35 Minuten lang oder bis er weich ist, indem Sie ihn mit einer Gabel berühren.
g) Geben Sie etwa 1 Tasse Kürbis in eine Küchenmaschine.
h) Den Kürbis verarbeiten, bis eine dicke Paste entsteht, und dann in einer Schüssel mit 2 Eiern verrühren. Wenn Sie Kürbispüree verwenden, achten Sie darauf, dass Sie die Feuchtigkeit mit einem Käsetuch gründlich herausdrücken.
i) Die restlichen Zutaten hinzufügen (Bestreichen, Mandelmehl, Backpulver, Vanille, Torani-Sirup). Mit einer Gabel gut vermischen, sonst kann man sich die Hände schmutzig machen (meine Lieblingsmethode). Denken Sie daran, dass dies sehr klebrig sein wird.
j) Stellen Sie den Ofen auf 350 °F herunter. Für Kekse mit dem Teig einen Löffel oder einen kleinen Eisportionierer verwenden.
k) Backen Sie die Kekse 20–25 Minuten lang oder bis die Außenseite hart und die Innenseite noch weich ist.
l) Servieren Sie es, indem Sie es halbieren und Ihre Lieblingsfüllung dazwischen löffeln oder spritzen!

59. Kürbis-Nuss-Kekse

ZUTATEN:
- 2 ½ Tassen Carbquik
- 2 Teelöffel Backpulver
- 1 Esslöffel Kürbiskuchengewürz
- Prise Salz
- ½ Tasse Bestreichen, weich
- ½ Tasse pflanzliches Glycerin
- Flüssiges Splenda entsprechend 1 Tasse Zucker
- 1 Tasse Kürbis aus der Dose
- 2 Eier
- 1 Tasse gehackte Nüsse

ANWEISUNGEN:
a) Heizen Sie Ihren Backofen auf 350 °F (175 °C) vor.
b) In einer mittelgroßen Schüssel Carbquik, Backpulver, Kürbiskuchengewürz und eine Prise Salz verrühren. Stellen Sie diese trockene Mischung beiseite.
c) In einer Rührschüssel die weiche Bestreichen etwa 30 Sekunden lang schlagen. Fügen Sie das pflanzliche Glycerin und die flüssige Splenda hinzu und schlagen Sie, bis die Mischung schaumig wird.
d) Als nächstes den Dosenkürbis und die Eier unterrühren, bis alles gut vermischt ist.
e) Die trockenen Zutaten (Carbquik-Mischung) zu den feuchten Zutaten geben und verrühren, bis der Teig gut vermischt ist.
f) Die gehackten Nüsse unterrühren.
g) Geben Sie abgerundete Teelöffel des Keksteigs auf die gefetteten Backbleche.
h) Im vorgeheizten Ofen etwa 12 Minuten backen oder bis die Kekse leicht goldbraun sind.
i) Nehmen Sie die Kekse aus dem Ofen und geben Sie sie zum Abkühlen auf Gitter.
j) Genießen Sie Ihre hausgemachten Kürbis-Nuss-Kekse!

SCHOKOLADENKEKSE

60. Brezel- und Karamellplätzchen

ZUTATEN:
- 1 Packung Schokoladenkuchenmischung (normale Größe)
- 1/2 Tasse Bestreichen, geschmolzen
- 2 große Eier, Zimmertemperatur
- 1 Tasse zerbrochene Miniaturbrezeln, geteilt
- 1 Tasse halbsüße Schokoladenstückchen
- 2 Esslöffel gesalzenes Karamell-Topping

ANWEISUNGEN:

a) Backofen auf 350° vorheizen. Kombinieren Sie die geschmolzene Bestreichen und die Eier der Kuchenmischung. schlagen, bis alles vermischt ist. 1/2 Tasse Brezeln, Schokoladenstückchen und Karamell-Topping unterrühren.

b) Geben Sie gerundete Esslöffel im Abstand von 5 cm auf gefettete Backbleche. Mit dem Boden eines Glases leicht flachdrücken; Drücken Sie die restlichen Brezeln darauf. 8-10 Minuten backen oder bis es fest ist.

c) 2 Minuten auf Pfannen abkühlen lassen. Zum vollständigen Abkühlen auf Gitterroste legen.

61. Rosskastanienkeks

ZUTATEN:
- 1 Packung Schokoladenkuchenmischung (normale Größe)
- 2 große Eier, Zimmertemperatur
- 1/2 Tasse Olivenöl
- 1 Tasse halbsüße Schokoladenstückchen
- 1 Tasse cremige Erdnussbestreichen
- 1/2 Tasse Puderzucker

ANWEISUNGEN:
a) Backofen auf 350° vorheizen.
b) In einer großen Schüssel Kuchenmischung, Eier und Öl vermischen, bis eine Mischung entsteht. Schokoladenstückchen unterrühren. Drücken Sie die Hälfte des Teigs in eine 10-Zoll-Form. Gusseisen oder eine andere ofenfeste Pfanne.
c) Erdnussbestreichen und Puderzucker vermischen ; Auf dem Teig in der Pfanne verteilen.
d) Den restlichen Teig zwischen Pergamentblättern in einen 10-Zoll-Teig drücken. Kreis; Platzüberfüllung.
e) 20–25 Minuten backen, bis ein in die Mitte gesteckter Zahnstocher feuchte Krümel austritt.

62.Kuchen -Mix-Plätzchen

ZUTATEN:
- 1 Packung Deutsche Schokoladenkuchenmischung; Pudding inklusive
- 1 Tasse Halbsüße Schokoladenstückchen
- ½ Tasse Haferflocken
- ½ Tasse Rosinen
- ½ Tasse Olivenöl
- 2 Eier; leicht geschlagen

ANWEISUNGEN:
a) Den Ofen auf 350 Grad vorheizen.
b) In einer großen Schüssel alle Zutaten vermischen; gut vermischen. Lassen Sie den Teig mit runden Teelöffeln im Abstand von 5 cm auf ungefettete Backbleche fallen.
c) Bei 350 Grad 8–10 Minuten backen oder bis es fest ist. 1 Minute abkühlen lassen; Von den Backblechen entfernen.

63. Müsli- und Schokoladenkekse

ZUTATEN:
- 1 18,25-Unzen - Schokoladenkuchenmischung
- ¾ Tasse Bestreichen , weich
- ½ Tasse brauner Zucker
- 2 Eier
- 1 Tasse Müsli
- 1 Tasse weiße Schokoladenstückchen
- 1 Tasse getrocknete Kirschen

ANWEISUNGEN:
a) Ofen auf 375°F vorheizen.
b) In einer großen Schüssel Kuchenmischung, Bestreichen , braunen Zucker und Eier vermischen und schlagen, bis ein Teig entsteht.
c) Müsli und weiße Schokoladenstückchen unterrühren. Teelöffelweise im Abstand von etwa 5 cm auf ungefettete Backbleche verteilen.
d) 10–12 Minuten backen oder bis die Kekse an den Rändern leicht goldbraun sind.
e) Auf den Backblechen 3 Minuten abkühlen lassen und dann auf den Rost legen .

64. Deutsche Kekse

ZUTATEN:
- 1 18,25-Unzen-Schachtel deutscher Schokoladenkuchenmischung
- 1 Tasse halbsüße Schokoladenstückchen
- 1 Tasse Haferflocken
- ½ Tasse Olivenöl
- 2 Eier, leicht geschlagen
- ½ Tasse Rosinen
- 1 Teelöffel Vanille

ANWEISUNGEN:
a) Ofen auf 350°F vorheizen.
b) Alle Zutaten vermischen. Mit einem auf niedrige Geschwindigkeit eingestellten Elektromixer gut vermischen. Sollten sich mehlige Krümel bilden, einen Tropfen Wasser hinzufügen.
c) Den Teig löffelweise auf ein ungefettetes Backblech geben.
d) 10 Minuten backen.
e) Lassen Sie die Kekse vollständig abkühlen, bevor Sie sie vom Blech nehmen und auf eine Servierplatte legen.

65. Schokoladenkekse

ZUTATEN:
- ½ Tasse Bestreichen
- ⅓ Tasse Frischkäse
- 1 Ei geschlagen
- 1 Teelöffel Vanilleextrakt
- ⅓ Tasse Erythrit
- ½ Tasse Kokosmehl
- ⅓ Tasse zuckerfreie Schokoladenstückchen

ANWEISUNGEN:
a) Heizen Sie die Heißluftfritteuse auf 350 °F vor. Legen Sie den Korb der Heißluftfritteuse mit Backpapier aus und legen Sie die Kekse hinein
b) In einer Schüssel Bestreichen und Frischkäse vermischen. Erythrit und Vanilleextrakt hinzufügen und schaumig aufschlagen. Das Ei hinzufügen und verrühren, bis es eingearbeitet ist. Kokosmehl und Schokoladenstückchen untermischen. Den Teig 10 Minuten ruhen lassen.
c) Etwa 1 Esslöffel Teig herausnehmen und Kekse formen.
d) Legen Sie die Kekse in den Heißluftfritteusenkorb und kochen Sie sie 6 Minuten lang.

66.Orangen-Frischkäse-Kekse

ZUTATEN:
- ½ Tasse Backfett
- 2 Eier
- 2 Esslöffel geriebene Orangenschale
- 2 Tassen gesiebtes Mehl
- 12 Unzen Schokoladenstückchen
- 1 Tasse Zucker
- 8 Unzen Frischkäse
- 2 Teelöffel Vanille
- 1 Teelöffel Salz

ANWEISUNGEN:

a) Sahnefett, Zucker und Eier zusammen verrühren; Frischkäse, Orangenschale und Vanille hinzufügen. Nach und nach Mehl hinzufügen, dem Salz hinzugefügt wurde; gut mischen.

b) Schokoladenstückchen untermischen. Vom Teelöffel auf ein ungefettetes Backblech tropfen.

c) Im 350-Grad-Ofen etwa 10 bis 12 Minuten backen.

67. Zähe Schoko-Frischkäse-Kekse

ZUTATEN:
- 8 Unzen heller Frischkäse
- ½ Tasse Margarine
- 1 Ei
- 1½ Tasse Zucker
- 300 Gramm Schokoladenstückchen; geteilt
- 2¼ Tasse Mehl
- 1½ Teelöffel Backpulver
- ½ Tasse gehackte Walnüsse

ANWEISUNGEN:
a) Frischkäse mit Bestreichen, Ei und Zucker schaumig rühren. 1 Tasse Schokoladenstückchen schmelzen.
b) Unter den Teig rühren. Mehl, Backpulver und Walnüsse zusammen mit den restlichen Schokoladenstückchen unterrühren. Vom Esslöffel auf ein ungefettetes Backblech tropfen.
c) Bei 350 Grad 10–12 Minuten backen oder bis die Ränder fest sind. Von den Backblechen nehmen und abkühlen lassen.

68. Goji-Beeren-Schokoladenkekse

ZUTATEN:
- Einfacher Keksteig
- 1 Tasse Goji-Beeren
- ½ bis 1 Tasse dunkle Schokoladenstückchen oder Kakaonibs

ANWEISUNGEN:
a) Alle Zutaten in einer großen Rührschüssel vermischen.
b) Verwenden Sie einen 2-Esslöffel-Schaufel, um den Teig direkt auf das Maschensieb Ihrer 14-Zoll-Quadrat-Excalibur-Dörrschalen zu portionieren.
c) Bei 104 °F 4 bis 6 Stunden lang oder bis zur gewünschten Konsistenz dehydrieren.
d) Wird es eine Woche lang im Kühlschrank aufbewahren. Im Gefrierschrank mehrere Wochen haltbar; Vor dem Verzehr 10 Minuten auftauen lassen.

69. Biscoff Chocolate Chip Kekses

ZUTATEN:

- 1 Tasse ungesalzene Bestreichen, weich
- 1 Tasse Kristallzucker
- 1 Tasse brauner Zucker
- 2 große Eier
- 1 Teelöffel Vanilleextrakt
- 3 Tassen Allzweckmehl
- 1 Teelöffel Backpulver
- ½ Teelöffel Salz
- 1 Tasse Biscoff-Aufstrich
- 1 ½ Tassen Schokoladenstückchen

ANWEISUNGEN:

a) Heizen Sie den Ofen auf 175 °C (350 °F) vor und legen Sie ein Backblech mit Backpapier aus.
b) In einer großen Schüssel die weiche Bestreichen, den Kristallzucker und den braunen Zucker cremig rühren, bis die Masse hell und locker ist.
c) Die Eier nacheinander unterrühren, gefolgt vom Vanilleextrakt.
d) In einer separaten Schüssel Mehl, Backpulver und Salz vermischen.
e) Geben Sie nach und nach die trockenen Zutaten zur Bestreichenmischung und verrühren Sie alles, bis alles gut vermischt ist.
f) Den Biscoff-Aufstrich einrühren, bis er vollständig eingearbeitet ist.
g) Die Schokoladenstückchen unterheben.
h) Geben Sie abgerundete Esslöffel Teig mit einem Abstand von etwa 5 cm auf das vorbereitete Backblech.
i) 10-12 Minuten backen oder bis die Ränder goldbraun sind.
j) Nehmen Sie die Kekse aus dem Ofen und lassen Sie sie einige Minuten auf dem Backblech abkühlen, bevor Sie sie zum vollständigen Abkühlen auf einen Rost legen.

70. Schwarzwälder Kekse

ZUTATEN:
- 2 ¼ Tassen Allzweckmehl
- ½ Tasse holländisches Kakaopulver
- ½ Teelöffel Backpulver
- ½ Teelöffel Backpulver
- 1 Teelöffel Salz
- 1 Tasse ungesalzene Bestreichen geschmolzen und abgekühlt
- ¾ Tasse brauner Zucker, hell oder dunkel verpackt
- ¾ Tasse weißer Kristallzucker
- 1 Teelöffel reiner Vanilleextrakt
- 2 große Eier bei Zimmertemperatur
- 1 Tasse weiße Schokoladenstückchen
- ½ Tasse halbsüße Schokoladenstückchen
- 1 Tasse frische Kirschen, gewaschen, entkernt und in Viertel geschnitten

ANWEISUNGEN:

a) Die Bestreichen in der Mikrowelle schmelzen und 10–15 Minuten abkühlen lassen, bis sie Zimmertemperatur hat. Bereiten Sie die Kirschen vor und schneiden Sie sie in kleine Viertel.
b) 1 Tasse ungesalzene Bestreichen, 1 Tasse frische Kirschen
c) Heizen Sie den Ofen auf 350 °F vor. Zwei Backbleche mit Backpapier auslegen. Beiseite legen.
d) In einer mittelgroßen Schüssel Mehl, Kakaopulver, Backpulver, Natron und Salz vermischen. Beiseite legen.
e) 2 ¼ Tassen Allzweckmehl, ½ Tasse ungesüßtes Kakaopulver, ½ Teelöffel Backpulver, ½ Teelöffel Backpulver, 1 Teelöffel Salz
f) In einer großen Schüssel geschmolzene Bestreichen, braunen Zucker, Zucker, Vanille und Eier hinzufügen. Mit einem Gummispatel glatt rühren.
g) 1 Tasse ungesalzene Bestreichen, ¾ Tasse brauner Zucker, ¾ Tasse weißer Kristallzucker, 1 Teelöffel reiner Vanilleextrakt, 2 große Eier
h) Die trockenen Zutaten hinzufügen und vermischen, bis alles gut vermischt ist. Es wird ein weicher Teig sein. Fügen Sie die weißen Schokoladenstückchen, die Schokoladenstückchen und die frischen Kirschen hinzu.
i) 1 Tasse weiße Schokoladenstückchen, ½ Tasse halbsüße Schokoladenstückchen, 1 Tasse frische Kirschen
j) Verwenden Sie einen großen Kekslöffel (3 Unzen Kekslöffel), um den Teig auszulöffeln. Legen Sie 6 Keksteigbällchen pro Backblech.
k) Backen Sie jeweils ein Backblech. 13-15 Minuten backen. Noch warm mit zusätzlichen Schokoladenstückchen und weißen Schokoladenstückchen belegen.
l) Lassen Sie den Keks 10 Minuten lang auf der heißen Pfanne ruhen. Anschließend zum Abkühlen auf ein Kühlregal legen.

71. Schokoladen-Trüffel-Kekse

ZUTATEN:
- 8 Esslöffel (1 Stange) ungesalzene Bestreichen
- 8 Unzen dunkle Schokolade (64 % Kakao oder höher), grob gehackt
- ½ Tasse ungebleichtes Allzweckmehl oder glutenfreies Mehl
- 2 Esslöffel in den Niederlanden verarbeitetes Kakaopulver (99 % Kakao)
- ¼ Teelöffel feines Meersalz
- ¼ Teelöffel Backpulver
- 2 große Eier, zimmerwarm
- ½ Tasse) Zucker
- 2 Teelöffel Vanilleextrakt
- 1 Tasse dunkle Schokoladenstückchen (64 % Kakao oder höher)

ANWEISUNGEN:

a) Bestreichen und dunkle Schokolade in einem Wasserbad bei schwacher Hitze schmelzen und gelegentlich umrühren, bis sie vollständig geschmolzen sind. Vollständig abkühlen lassen.

b) Mehl, Kakaopulver, Salz und Backpulver in einer kleinen Schüssel vermischen. Beiseite legen.

c) Mit einem Elektromixer die Eier und den Zucker in einer großen Schüssel bei hoher Geschwindigkeit etwa 2 Minuten lang schaumig schlagen. Fügen Sie die Vanille hinzu, fügen Sie dann die geschmolzene Schokolade und Bestreichen hinzu und schlagen Sie 1 bis 2 Minuten lang, bis alles gut vermischt ist.

d) Kratzen Sie die Seiten der Schüssel ab und rühren Sie mit einem großen Gummispatel die trockenen Zutaten ein, bis sie eingearbeitet sind. Die Schokoladenstückchen unterheben. Mit Plastikfolie abdecken und mindestens 4 Stunden im Kühlschrank lagern.

e) Stellen Sie einen Rost in die Mitte des Ofens und heizen Sie den Ofen auf 325 °F vor. Ein Backblech mit Backpapier auslegen.

f) Befeuchten Sie Ihre Hände mit Wasser, rollen Sie den Teig zu 5 cm großen Kugeln und legen Sie diese mit einem Abstand von etwa 5 cm auf das mit Backpapier ausgelegte Backblech. Arbeiten Sie schnell und wenn Sie die Kekse in mehreren Portionen backen, stellen Sie den restlichen Teig zwischen den Runden in den Kühlschrank.

g) 12 bis 13 Minuten backen, bis die Ränder leicht angehoben sind und die Mitte größtenteils fest ist. Aus dem Ofen nehmen und mindestens 10 Minuten auf der Pfanne abkühlen lassen, dann auf ein Gitter legen und vollständig abkühlen lassen.

ZUM ZUSAMMENSTELLEN VON EIS-SANDWICHES

h) Legen Sie die Kekse auf ein Blech und frieren Sie sie 1 Stunde lang ein. 1 Liter Eis weich machen, bis es löffelbar ist. Ich halte es gerne einfach und verwende süßes Sahneeis , aber Sie können jede beliebige Geschmacksrichtung verwenden.

i) Nehmen Sie die Kekse aus dem Gefrierschrank und löffeln Sie zügig 2 bis 4 Unzen Eiscreme auf einen Keks. Glätten Sie das Eis, indem Sie einen weiteren Keks darauf legen. Wiederholen.

j) Wenn Sie mit dem Zusammenstellen aller Sandwiches fertig sind, stellen Sie sie zum Aushärten für mindestens zwei Stunden in den Gefrierschrank.

72. Doppelte Schokoladensandwiches

ZUTATEN:
- 1 Tasse ungebleichtes Allzweckmehl
- 1/2 Tasse ungesüßter Backkakao, gesiebt
- 1/2 Teelöffel Backpulver
- 1/4 Teelöffel Salz
- 1/4 Tasse milchfreie Schokoladenstückchen, geschmolzen
- 1/2 Tasse milchfreie Margarine, weich
- 1 Tasse verdampfter Rohrzucker
- 1 Teelöffel Vanilleextrakt

ANWEISUNGEN:

a) Heizen Sie den Ofen auf 325 °F vor. Zwei Backbleche mit Backpapier auslegen.

b) In einer mittelgroßen Schüssel Mehl, Kakaopulver, Backpulver und Salz vermischen. In einer großen Schüssel mit einem elektrischen Handmixer die geschmolzenen Schokoladenstückchen, Margarine, Zucker und Vanille cremig rühren, bis alles gut vermischt ist. Geben Sie die trockenen Zutaten portionsweise zu den feuchten Zutaten, bis sie vollständig eingearbeitet sind.

c) Kleine Teigkugeln von etwa der Größe einer großen Murmel (ungefähr 2 Teelöffel) im Abstand von etwa 5 cm auf die vorbereiteten Backbleche verteilen. Fetten Sie die Rückseite eines Esslöffels leicht ein und drücken Sie vorsichtig und gleichmäßig auf jeden Keks, bis er flach ist und etwa 1 1/2 Zoll breit ist. 12 Minuten backen oder bis die Ränder fest sind. Wenn Sie beide Bleche gleichzeitig backen, drehen Sie die Bleche nach der Hälfte der Backzeit.

d) Lassen Sie die Kekse nach dem Herausnehmen aus dem Ofen 5 Minuten auf der Form abkühlen und legen Sie sie dann auf einen Rost. Lassen Sie die Kekse vollständig abkühlen. In einem luftdichten Behälter aufbewahren

73. Schokoladenkekse

ZUTATEN:
- 2 ¼ Tassen Bisquick-Mischung
- ½ Tasse Kristallzucker
- ½ Tasse brauner Zucker, verpackt
- ½ Tasse ungesalzene Bestreichen, weich
- 1 Teelöffel Vanilleextrakt
- 1 Ei
- 1 Tasse Schokoladenstückchen

ANWEISUNGEN:
a) Heizen Sie den Ofen auf 375 °F (190 °C) vor.
b) In einer Rührschüssel Bisquick-Mischung, Kristallzucker, braunen Zucker, weiche Bestreichen, Vanilleextrakt und Ei vermischen. Mischen, bis alles gut vermischt ist.
c) Die Schokoladenstückchen unterrühren.
d) Runde Teelöffel Teig auf ein ungefettetes Backblech geben.
e) 8-10 Minuten backen oder bis die Kekse an den Rändern leicht goldbraun sind.
f) Lassen Sie die Schokoladenkekse einige Minuten auf dem Backblech abkühlen und geben Sie sie dann zum vollständigen Abkühlen auf einen Rost.
g) Servieren Sie die Kekse und genießen Sie!

74. Matcha-Kekse mit weißer Schokolade ohne Backen

ZUTATEN:
- 2 Tassen Haferflocken
- 1 Tasse weiße Schokoladenstückchen
- ½ Tasse Mandelbestreichen
- ¼ Tasse Honig
- 1 Esslöffel Matcha-Pulver
- 1 Teelöffel Vanilleextrakt

ANWEISUNGEN:

a) In einer großen Rührschüssel Haferflocken und Matcha-Pulver vermischen.

b) In einer mikrowellengeeigneten Schüssel die weißen Schokoladenstückchen in der Mikrowelle schmelzen und alle 30 Sekunden umrühren, bis eine glatte Masse entsteht.

c) Mandelbestreichen, Honig und Vanilleextrakt zur geschmolzenen weißen Schokolade geben und gut verrühren.

d) Gießen Sie die feuchte Mischung über die Haferflocken und den Matcha und verrühren Sie, bis alle Zutaten gleichmäßig bedeckt sind.

e) Geben Sie einen Löffel der Mischung auf ein mit Backpapier ausgelegtes Backblech und drücken Sie es leicht flach.

f) Etwa 1 Stunde lang oder bis es fest ist im Kühlschrank lagern.

75.Cadbury- und Haselnusskekse

ZUTATEN:
- 150 g ungesalzene Bestreichen, weich
- 150 g Puderzucker
- 1 großes Ei
- 1 TL Vanilleextrakt
- 225 g selbstaufgehendes Mehl
- ½ TL Backpulver
- ¼ TL Salz
- 100 g Cadbury-Schokoladenstückchen
- 50g gehackte Haselnüsse

ANWEISUNGEN:
a) Heizen Sie den Backofen auf 180 °C/160 °C Umluft/Gas 4 vor.
b) Ein Backblech mit Backpapier auslegen.
c) In einer großen Rührschüssel die weiche Bestreichen und den Puderzucker verrühren, bis eine helle, cremige Masse entsteht.
d) Ei und Vanilleextrakt unterrühren.
e) Das selbstaufgehende Mehl, das Backpulver und das Salz hineinsieben und vermischen, bis alles gut vermischt ist.
f) Die Cadbury-Schokoladenstückchen und gehackten Haselnüsse unterrühren.
g) Rollen Sie die Mischung zu kleinen Kugeln und legen Sie diese mit großem Abstand auf das vorbereitete Backblech.
h) 12–15 Minuten backen oder bis es leicht goldbraun und fest ist.
i) Lassen Sie es 5 Minuten lang auf dem Backblech abkühlen, bevor Sie es zum vollständigen Abkühlen auf ein Kuchengitter legen.

76.Kuchen -Mix-Plätzchen

ZUTATEN:
- 1 Packung Deutsche Schokoladenkuchenmischung; Pudding inklusive
- 1 Tasse Halbsüße Schokoladenstückchen
- ½ Tasse Haferflocken
- ½ Tasse Rosinen
- ½ Tasse Olivenöl
- 2 Eier; leicht geschlagen

ANWEISUNGEN:
a) Den Ofen auf 350 Grad vorheizen.
b) In einer großen Schüssel alle Zutaten vermischen; gut vermischen. Lassen Sie den Teig mit abgerundeten Teelöffeln im Abstand von 5 cm auf ungefettete Backbleche fallen.
c) Bei 350 Grad 8–10 Minuten backen oder bis es fest ist. 1 Minute abkühlen lassen; Von den Backblechen entfernen.

77. Deutsche Kekse

ZUTATEN:

- 1 18,25-Unzen-Schachtel deutscher Schokoladenkuchenmischung
- 1 Tasse halbsüße Schokoladenstückchen
- 1 Tasse Haferflocken
- ½ Tasse Olivenöl
- 2 Eier, leicht geschlagen
- ½ Tasse Rosinen
- 1 Teelöffel Vanille

ANWEISUNGEN:

a) Ofen auf 350°F vorheizen.
b) Alle Zutaten vermischen. Mit einem auf niedrige Geschwindigkeit eingestellten Elektromixer gut vermischen. Sollten sich mehlige Krümel bilden, einen Tropfen Wasser hinzufügen.
c) Den Teig löffelweise auf ein ungefettetes Backblech geben.
d) 10 Minuten backen.
e) Lassen Sie die Kekse vollständig abkühlen, bevor Sie sie vom Blech nehmen und auf eine Servierplatte legen.

78. Kirschplätzchen

ZUTATEN:
- 2 ¼ Tassen Allzweckmehl
- ½ Tasse holländisches Kakaopulver
- ½ Teelöffel Backpulver
- ½ Teelöffel Backpulver
- 1 Teelöffel Salz
- 1 Tasse ungesalzene Bestreichen geschmolzen und abgekühlt
- ¾ Tasse brauner Zucker, hell oder dunkel verpackt
- ¾ Tasse weißer Kristallzucker
- 1 Teelöffel reiner Vanilleextrakt
- 2 große Eier bei Zimmertemperatur
- 1 Tasse weiße Schokoladenstückchen
- ½ Tasse halbsüße Schokoladenstückchen
- 1 Tasse frische Kirschen, gewaschen, entkernt und in Viertel geschnitten

ANWEISUNGEN:
m) Die Bestreichen in der Mikrowelle schmelzen und 10–15 Minuten abkühlen lassen, bis sie Zimmertemperatur hat. Bereiten Sie die Kirschen vor und schneiden Sie sie in kleine Viertel.
n) 1 Tasse ungesalzene Bestreichen, 1 Tasse frische Kirschen
o) Heizen Sie den Ofen auf 350 °F vor. Zwei Backbleche mit Backpapier auslegen. Beiseite legen.
p) In einer mittelgroßen Schüssel Mehl, Kakaopulver, Backpulver, Natron und Salz vermischen. Beiseite legen.
q) 2 ¼ Tassen Allzweckmehl, ½ Tasse ungesüßtes Kakaopulver, ½ Teelöffel Backpulver, ½ Teelöffel Backpulver, 1 Teelöffel Salz
r) In einer großen Schüssel geschmolzene Bestreichen, braunen Zucker, Zucker, Vanille und Eier hinzufügen. Mit einem Gummispatel glatt rühren.

79.Spekulatius

ZUTATEN:
- 2 Tassen Allzweckmehl
- ½ Tasse ungesalzene Bestreichen, weich
- ¾ Tasse brauner Zucker
- 1 Teelöffel gemahlener Zimt
- ½ Teelöffel gemahlene Muskatnuss
- ½ Teelöffel gemahlener Ingwer
- ¼ Teelöffel gemahlene Nelken
- ¼ Teelöffel gemahlener Kardamom
- ¼ Teelöffel Salz
- 1 großes Ei

ANWEISUNGEN:
a) In einer Rührschüssel Mehl, gemahlenen Zimt, Muskatnuss, Ingwer, Nelken, Kardamom und Salz verrühren. Beiseite legen.
b) In einer separaten Schüssel die weiche Bestreichen und den braunen Zucker cremig rühren, bis die Masse hell und locker ist.
c) Das Ei unterrühren, bis alles gut vermischt ist.
d) Geben Sie nach und nach die trockene Zutatenmischung zur Bestreichenmischung hinzu.
e) Mischen, bis der Teig zusammenkommt.
f) Wenn der Teig zu trocken erscheint, können Sie einen Esslöffel Milch hinzufügen, um ihn zu binden.
g) Formen Sie den Teig zu einer Scheibe und wickeln Sie ihn in Plastikfolie ein. Den Teig mindestens 1 Stunde lang oder bis er fest ist im Kühlschrank lagern.
h) Heizen Sie Ihren Backofen auf 350 °F (175 °C) vor. Ein Backblech mit Backpapier auslegen.
i) Rollen Sie den gekühlten Teig auf einer leicht bemehlten Oberfläche auf eine Dicke von etwa ¼ Zoll aus.
j) Mit Ausstechformen die gewünschten Formen aus dem Teig ausstechen. Traditionell haben Speculoos-Kekse die Form von Windmühlen, Sie können jedoch jede beliebige Form verwenden.
k) Legen Sie die ausgeschnittenen Kekse auf das vorbereitete Backblech und lassen Sie zwischen den einzelnen Keksen etwas Platz.

l) Backen Sie die Kekse im vorgeheizten Ofen etwa 10–12 Minuten lang oder bis sie an den Rändern leicht golden sind.
m) Nehmen Sie die Kekse aus dem Ofen und lassen Sie sie auf einem Kuchengitter abkühlen.
n) Sobald die Speculoos-Kekse vollständig abgekühlt sind, können sie genossen werden. In einem luftdichten Behälter sind sie mehrere Tage haltbar.
o) 1 Tasse ungesalzene Bestreichen, ¾ Tasse brauner Zucker, ¾ Tasse weißer Kristallzucker, 1 Teelöffel reiner Vanilleextrakt, 2 große Eier
p) Die trockenen Zutaten hinzufügen und vermischen, bis alles gut vermischt ist. Es wird ein weicher Teig sein. Fügen Sie die weißen Schokoladenstückchen, die Schokoladenstückchen und die frischen Kirschen hinzu.
q) 1 Tasse weiße Schokoladenstückchen, ½ Tasse halbsüße Schokoladenstückchen, 1 Tasse frische Kirschen
r) Verwenden Sie einen großen Kekslöffel (3-Unzen-Kekslöffel), um den Teig auszulöffeln. Legen Sie 6 Keksteigbällchen pro Backblech.
s) Backen Sie jeweils ein Backblech. 13-15 Minuten backen. Noch warm mit zusätzlichen Schokoladenstückchen und weißen Schokoladenstückchen belegen.
t) Lassen Sie den Keks 10 Minuten lang auf der heißen Pfanne ruhen. Anschließend zum Abkühlen auf ein Kühlregal legen.

80.Cornflake-Schokoladenkekse

ZUTATEN:
- 1 Tasse ungesalzene Bestreichen, weich
- 1 Tasse Kristallzucker
- 1 Tasse brauner Zucker
- 2 große Eier
- 1 Teelöffel Vanilleextrakt
- 2 Tassen Allzweckmehl
- 1 Teelöffel Backpulver
- ½ Teelöffel Salz
- 2 Tassen Schokoladenstückchen
- 2 Tassen zerstoßene Cornflakes

ANWEISUNGEN:

a) Heizen Sie Ihren Backofen auf 350 °F (175 °C) vor. Backbleche mit Backpapier auslegen.

b) In einer großen Rührschüssel die weiche Bestreichen, den Kristallzucker und den braunen Zucker cremig rühren, bis die Masse hell und locker ist.

c) Fügen Sie die Eier einzeln hinzu und schlagen Sie nach jeder Zugabe gut durch. Den Vanilleextrakt einrühren.

d) In einer separaten Schüssel Mehl, Backpulver und Salz vermischen. Geben Sie nach und nach die trockenen Zutaten zu den feuchten Zutaten und verrühren Sie alles, bis alles gut vermischt ist.

e) Die Schokoladenstückchen und die zerstoßenen Cornflakes unterheben.

f) Geben Sie abgerundete Esslöffel Teig mit Abstand auf die vorbereiteten Backbleche.

g) 10-12 Minuten backen oder bis die Ränder goldbraun sind.

h) Lassen Sie die Kekse einige Minuten auf den Backblechen abkühlen, bevor Sie sie zum vollständigen Abkühlen auf Gitterroste legen.

81.Weiße Schokoladen-Cappuccino-Kekse

ZUTATEN:
- 1 Tasse ungesalzene Bestreichen, weich
- 1 Tasse Kristallzucker
- 2 große Eier
- 2 Teelöffel Instantkaffeegranulat
- 2 Teelöffel Vanilleextrakt
- 2 ½ Tassen Allzweckmehl
- ½ Tasse Kakaopulver
- 1 Teelöffel Backpulver
- ½ Teelöffel Salz
- 1 Tasse weiße Schokoladenstückchen

ANWEISUNGEN:

a) Heizen Sie Ihren Backofen auf 350 °F (175 °C) vor und legen Sie ein Backblech mit Backpapier aus.
b) In einer großen Rührschüssel die weiche Bestreichen und den Kristallzucker cremig rühren, bis eine lockere Masse entsteht.
c) Fügen Sie die Eier einzeln hinzu und vermischen Sie sie nach jeder Zugabe gut.
d) Lösen Sie das Instantkaffeegranulat in einer kleinen Menge heißem Wasser auf. Geben Sie diese Kaffeemischung und den Vanilleextrakt zu den feuchten Zutaten. Mischen, bis alles gut vermischt ist.
e) In einer separaten Schüssel Mehl, Kakaopulver, Backpulver und Salz verrühren.
f) Nach und nach die trockenen Zutaten zu den feuchten Zutaten geben und verrühren, bis ein Teig entsteht.
g) Die weißen Schokoladenstückchen unterrühren, bis sie gleichmäßig im Teig verteilt sind.
h) Geben Sie mit einem Löffel oder einer Keksschaufel abgerundete Esslöffel Teig in einem Abstand von etwa 5 cm auf das vorbereitete Backblech.
i) Drücken Sie jeden Keks mit der Rückseite eines Löffels oder Ihren Fingern leicht flach.
j) Im vorgeheizten Ofen 10–12 Minuten backen oder bis die Ränder fest und die Mitte noch leicht weich sind. Achten Sie darauf, nicht zu lange zu backen.
k) Nehmen Sie die Kekse aus dem Ofen und lassen Sie sie einige Minuten auf dem Backblech abkühlen, bevor Sie sie zum vollständigen Abkühlen auf einen Rost legen.
l) Gönnen Sie sich nach dem Abkühlen diese köstlichen weißen Schokoladen-Cappuccino-Kekse mit einer Tasse Kaffee oder Cappuccino!

82.Mit Snickers Bar gefüllte Schokoladenkekse

ZUTATEN:
- 2 ½ Tassen Allzweckmehl
- 1 Teelöffel Backpulver
- ½ Teelöffel Salz
- 1 Tasse ungesalzene Bestreichen, weich
- 1 Tasse Kristallzucker
- 1 Tasse brauner Zucker
- 2 große Eier
- 1 Teelöffel Vanilleextrakt
- 1 ½ Tassen Schokoladenstückchen
- 1 Tasse gehackte Snickers-Riegel

ANWEISUNGEN:
a) Heizen Sie Ihren Backofen auf 375 °F (190 °C) vor und legen Sie ein Backblech mit Backpapier aus.
b) In einer Schüssel Mehl, Backpulver und Salz verquirlen.
c) In einer separaten Schüssel die weiche Bestreichen, den Kristallzucker und den braunen Zucker cremig rühren, bis die Masse hell und locker ist.
d) Eier und Vanilleextrakt unterrühren, bis alles gut vermischt ist.
e) Geben Sie nach und nach die trockenen Zutaten zu den feuchten Zutaten und verrühren Sie alles, bis alles gut vermischt ist.
f) Die Schokoladenstückchen und die gehackten Snickers-Riegel unterheben.
g) Nehmen Sie etwa 2 Esslöffel Teig und drücken Sie ihn in der Hand flach. Legen Sie ein kleines Stück Snickers-Riegel in die Mitte und falten Sie den Teig darum, sodass eine Kugel entsteht.
h) Legen Sie die Plätzchenteigbällchen mit Abstand voneinander auf das vorbereitete Backblech.
i) 10-12 Minuten backen oder bis die Ränder goldbraun sind.
j) Lassen Sie die Kekse einige Minuten auf dem Backblech abkühlen und geben Sie sie dann zum vollständigen Abkühlen auf einen Rost.

KEKSE

83. Brownie Kekse

ZUTATEN:
- 1/3 Tasse Bestreichen, weich
- 2/3 Tasse weißer Zucker
- 2 Eier
- 1 Teelöffel Vanilleextrakt
- 13/4 Tassen Allzweckmehl
- 1/3 Tasse ungesüßtes Kakaopulver
- 2 Teelöffel Backpulver
- 1/2 Tasse halbsüße Miniatur-Schokoladenstückchen
- 1/4 Tasse gehackte Walnüsse
- 1 Eigelb, geschlagen
- 1 Esslöffel Wasser

ANWEISUNGEN:

a) Backofen auf 375°F (190°C) vorheizen. Backbleche einfetten oder mit Backpapier auslegen.

b) In einer großen Schüssel Bestreichen und Zucker glatt rühren. Die Eier einzeln unterrühren und dann die Vanille unterrühren. Mehl, Kakao und Backpulver vermischen; Unter die cremige Mischung rühren, bis alles gut vermischt ist. Der Teig wird steif, also den letzten Rest mit der Hand untermischen. Schokoladenstückchen und Walnüsse untermischen.

c) Den Teig in zwei gleiche Teile teilen. Zu 9 x 2 x 1 Zoll großen Broten formen. Im Abstand von 10 cm auf das Backblech legen. Mit einer Mischung aus Wasser und Eigelb bestreichen.

d) Im vorgeheizten Ofen 20 bis 25 Minuten backen, bis die Masse fest ist. 30 Minuten auf dem Backblech abkühlen lassen.

e) Schneiden Sie die Brote mit einem gezackten Messer diagonal in 2,5 cm dicke Scheiben. Legen Sie die Scheiben wieder auf das Backblech und legen Sie sie auf die Seite. Auf jeder Seite 10 bis 15 Minuten backen oder bis es trocken ist. Vollständig abkühlen lassen und in einem luftdichten Behälter aufbewahren.

84.MandelKekse

ZUTATEN:
- ½ Tasse Bestreichen oder Margarine, weich
- 1¼ Tasse Zucker
- 3 Eier
- 1 Teelöffel Vanilleextrakt oder Anisaroma
- 2 Tassen Allzweckmehl
- 2 Teelöffel Backpulver
- 1 Spritzer Salz
- ½ Tasse Mandeln, gehackt
- 2 Teelöffel Milch

ANWEISUNGEN:

a) In einer Rührschüssel Bestreichen und 1 Tasse Zucker schaumig rühren. Fügen Sie die Eier einzeln hinzu und schlagen Sie sie nach jeder Zugabe gut durch. Anis oder Vanille unterrühren.

b) Trockene Zutaten vermischen; zur cremigen Mischung hinzufügen. Mandeln unterrühren.

c) Ein Backblech mit Alufolie auslegen und Alufolie einfetten. Den Teig halbieren; In zwei 12x3 große Rechtecke auf Folie verteilen. Mit Milch bestreichen und mit restlichem Zucker bestreuen. Bei 375 Grad backen. für 15 bis 20 Min. oder bis es goldbraun ist und sich fest anfühlt. Aus dem Ofen nehmen und die Hitze auf 300 Grad reduzieren. Heben Sie die Rechtecke mit Folie auf den Rost. 15 Min. abkühlen lassen. Auf ein Schneidebrett legen; ½ Zoll dick in Scheiben schneiden. Die Scheibe mit der Schnittseite nach unten auf ein ungefettetes Backblech legen. 10 Minuten backen.

d) Kekse umdrehen; 10 Min. backen. mehr. Schalten Sie den Ofen aus und lassen Sie die Kekse im Ofen. mit offener Tür zum Abkühlen. In einem luftdichten Behälter aufbewahren.

85.Anis-Kekse

ZUTATEN:
- 2 Tassen + 2 Esslöffel Mehl
- ¾ Tasse Zucker
- 1 Esslöffel Anissamen, zerstoßen
- 1 Teelöffel Backpulver
- ½ Teelöffel Backpulver
- ¼ Teelöffel Salz
- 3 Eieräquivalente
- 2 Esslöffel geriebene frische Zitronenschale (oder
- 1 Esslöffel trocken)
- 1 Esslöffel frischer Zitronensaft

ANWEISUNGEN:

a) Heizen Sie den Ofen auf 325 Grad F vor. Bestreichen Sie das Backblech mit Antihaftspray oder Pergament. In einer mittelgroßen Schüssel Mehl, Zucker, Anissamen, Backpulver, Natron und Salz vermischen. Eieräquivalent, Zitronenschale und Zitronensaft verquirlen und zu den trockenen Zutaten geben. Gut mischen.

b) Formen Sie den Teig auf einer bemehlten Arbeitsfläche in zwei Rollen, jeweils etwa 35 cm lang und 3,5 cm dick. Legen Sie die Holzscheite mit einem Abstand von mindestens 10 cm auf das vorbereitete Backblech (der Teig verteilt sich beim Backen). 20 bis 25 Minuten backen, bis es sich fest anfühlt.

c) Übertragen Sie die Holzscheite zum Abkühlen auf das Gestell. Reduzieren Sie die Ofentemperatur auf 300 Grad F. Schneiden Sie die Holzscheite mit einem gezackten Messer und einer sanften Sägebewegung diagonal in ½ Zoll dicke Scheiben. Legen Sie die Scheiben auf die Seite auf das Backblech und schieben Sie sie zurück in den Ofen.

d) 40 Minuten backen. Aus dem Ofen nehmen und vor dem Lagern vollständig abkühlen lassen. Kekse werden beim Abkühlen knusprig. In einem luftdichten Behälter bis zu einem Monat lagern.

86. Anis-Zitronen-Kekse

ZUTATEN:
- 2 Tassen ungebleichtes Weißmehl
- 1 Teelöffel Backpulver
- ¼ Teelöffel Salz
- 1 Tasse Zucker
- 2 ganze Eier
- 1 Eiweiß
- 2 Esslöffel frisch geriebene Zitronenschale
- 1 Esslöffel gemahlene Anissamen

ANWEISUNGEN:
a) Den Backofen auf 350 Grad vorheizen. Bereiten Sie ein Backblech mit Kochspray oder einer sehr dünnen Ölschicht vor. In einer großen Rührschüssel Mehl, Maismehl, Backpulver und Salz vermischen. Die Eier leicht schlagen und zur Mehlmischung geben.
b) Ahornsirup, Vanille und Walnüsse unterrühren und verrühren, bis der Teig glatt ist. Mit einem Gummispatel und bemehlten Händen die Hälfte des Teigs aus der Schüssel auf eine Seite des Backblechs schöpfen. Formen Sie den Teig zu einem 15 Zoll langen Klotz.
c) Aus dem restlichen Teig einen zweiten Klotz auf der anderen Seite des Backblechs formen. Platzieren Sie die Holzscheite in einem Abstand von mindestens 15 cm. 25–30 Minuten backen, bis die Oberseite jedes Kekse-Holzscheits fest ist.
d) Nehmen Sie sie mit einem langen Spatel auf einen Rost und lassen Sie sie 10–15 Minuten abkühlen. Schneiden Sie jeden Stamm streng diagonal in etwa 20½ Zoll dicke Scheiben und legen Sie diese mit der Schnittseite nach unten auf das Backblech. Reduzieren Sie die Ofentemperatur auf 350 Grad und backen Sie sie 15 Minuten lang.
e) Heiß aus dem Ofen sind die Kekse in der Mitte vielleicht noch etwas weich, aber beim Abkühlen werden sie hart.
f) Lassen Sie sie vollständig abkühlen. In einer Dose oder einem anderen dicht verschlossenen Behälter aufbewahrt, sind sie mindestens ein paar Wochen haltbar.

87.KirschKekse

ZUTATEN:
- 2 Tassen Allzweckmehl
- 1 Tasse Zucker
- ½ Teelöffel Backpulver
- ½ Teelöffel Salz
- ¼ Tasse Bestreichen; in kleine Stücke schneiden
- 1 Tasse ganze Mandeln; grob hacken
- 1 Tasse ganze kandierte Kirschen
- 2 große Eier; leicht geschlagen
- ½ Teelöffel Vanille
- 1 Esslöffel Milch (optional)

ANWEISUNGEN:
a) Ofen vorheizen auf 350 Grad. Großes Backblech einfetten.
b) Mehl, Zucker, Backpulver und Salz in einer Schüssel vermischen. Bestreichen mit einem Teigmixer hineinschneiden, bis sich grobe Krümel bilden. Mandeln und Kirschen unterrühren. Eier und Vanille unterrühren, bis alles gut vermischt ist. Wenn die Mischung krümelig und trocken ist, Milch hinzufügen.
c) Teilen Sie die Mischung in zwei Hälften.
d) Drücken Sie den Teig auf einer leicht bemehlten Arbeitsfläche mit bemehlten Händen zusammen und formen Sie ihn zu zwei 10-Zoll-Blöcken. Auf eine Breite von 2 ½ Zoll flach drücken. Die Holzscheite auf das vorbereitete Backblech legen.
e) Im 350-Grad-Ofen 30 bis 35 Minuten backen. Übertragen Sie die Holzscheite mit zwei Spateln auf ein Gestell und lassen Sie sie 20 Minuten lang abkühlen.
f) Schneiden Sie jeden Stamm mit einem gezackten Messer diagonal in ¾ Zoll dicke Scheiben.
g) Zurück zum Backblech. 15 Minuten backen oder bis die Kekse knusprig und fest sind. Zum Abkühlen auf einen Rost legen. In einem luftdichten Behälter bis zu 2 Wochen aufbewahren.

88.Haselnuss- und AprikosenKekse

ZUTATEN:
- 4 Tassen Mehl
- 2½ Tasse Zucker
- 1 Teelöffel Backpulver
- ½ Teelöffel Salz
- 6 Eier
- 2 Eigelb
- 1 Esslöffel Vanilleextrakt
- 1 Tasse Haselnüsse, geröstet, geschält,
- Gehackt
- 1½ Tasse fein gewürfelte getrocknete Aprikosen
- 2 Esslöffel Wasser

ANWEISUNGEN:
a) Ofen auf 350F vorheizen.
b) In der Zwischenzeit Mehl, Zucker, Backpulver und Salz in eine große Schüssel sieben. In einer anderen Schüssel 5 Eier, 2 Eigelb und Vanille verrühren. Die geschlagenen Eier mit der Mehlmischung vermischen und die Haselnüsse und Aprikosen dazugeben.
c) Kneten Sie den Teig auf einem leicht bemehlten Brett 5–7 Minuten lang oder bis er gleichmäßig vermischt ist. Wenn der Teig zu krümelig ist, um zusammenzuhalten, etwas Wasser hinzufügen. Teilen Sie den Teig in vier Teile und rollen Sie diese jeweils zu einem Zylinder mit einem Durchmesser von 5 cm aus.
d) Legen Sie zwei Zylinder im Abstand von 7,6 cm auf jedes der zwei gut gefetteten Backbleche und drücken Sie sie leicht flach. Das restliche Ei mit dem Wasser verquirlen und jeden Zylinder mit der Mischung bestreichen. Im vorgeheizten Ofen 35 Minuten lang backen oder bis es fest ist.
e) Aus dem Ofen nehmen und die Hitze auf 325 °F reduzieren. Schneiden Sie die Kekse schräg in etwa ¾ Zoll dicke Scheiben. Verteilen Sie die Scheiben auf den Backblechen und geben Sie sie für 10 Minuten in den Ofen zurück, oder bis sie gerade anfängt, Farbe zu nehmen. Abkühlen lassen und in einem luftdichten Glas aufbewahren.

89. Zitronen-Rosmarin-Kekse

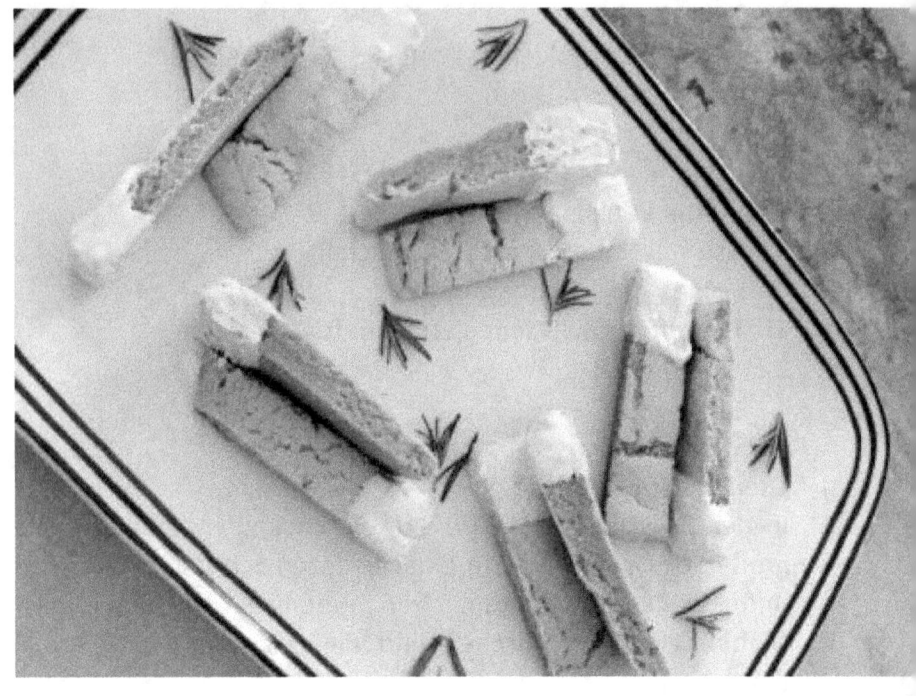

ZUTATEN:
- ½ Tasse Mandeln; ganz geröstet
- ⅓ Tasse Bestreichen; süß
- ¾ Tasse Zucker; granuliert
- 2 Eier; groß
- 1 Teelöffel Vanilleextrakt
- 3 Teelöffel Zitronenschale
- 2¼ Tasse Allzweckmehl
- 1½ Teelöffel frischer Rosmarin; fein gehackt
- ¼ Teelöffel Salz

ANWEISUNGEN:

a) Bestreichen und Zucker schaumig rühren. Eier, Vanille, Zitronenschale, Rosmarin, Salz und Backpulver hinzufügen. Fügen Sie jeweils eine Tasse Mehl hinzu.

b) Den Teig in zwei etwa 2,5 cm hohe und 5 cm breite Brote formen. 25 Minuten lang bei 180 °C backen, bis es goldbraun ist.

c) Aus dem Ofen nehmen und von der Backform auf ein Schneidebrett schieben. Schneiden Sie die Brote in ½ Zoll dicke Scheiben und legen Sie sie auf die Seite zurück auf die Backform.

d) Die Backform wieder in den Ofen stellen und weitere 10 Minuten backen, bis sie knusprig sind.

ABGELEGTE KEKSES

90. Orange Cranberry-Tropfen

ZUTATEN:
- 1/2 Tasse brauner Zucker
- 1/4 Tasse Bestreichen, weich
- 1 Ei
- 3 Esslöffel Orangensaft
- 1/2 Teelöffel Orangenextrakt
- 1 Teelöffel geriebene Orangenschale
- 1 1/2 Tassen Allzweckmehl
- 1/2 Teelöffel Backpulver
- 1/4 Teelöffel Backpulver
- 1/4 Teelöffel Salz
- 1 Tasse getrocknete Preiselbeeren

ANWEISUNGEN:

a) Den Ofen auf 190 °C (375 °F) vorheizen. Backbleche leicht einfetten oder mit Backpapier auslegen.

b) In einer mittelgroßen Schüssel den weißen Zucker, den braunen Zucker und die Bestreichen cremig rühren. Ei, Orangensaft, Orangenextrakt und Orangenschale unterrühren. Mehl, Backpulver, Natron und Salz zusammen sieben; unter die Orangenmischung mischen. Die getrockneten Preiselbeeren unterrühren. Lassen Sie den Keksteig fallen, indem Sie Teelöffel im Abstand von 5 cm auf die vorbereiteten Backbleche häufen.

c) 10 bis 12 Minuten backen oder bis die Ränder anfangen zu bräunen. 5 Minuten auf Backblechen abkühlen lassen, dann zum vollständigen Abkühlen auf einen Rost legen.

91. Zuckerpflaumentropfen

ZUTATEN:
- 1/2 Tasse Bestreichen, weich
- 1/2 Tasse Backfett
- 11/2 Tassen weißer Zucker
- 2 Eier
- 2 Teelöffel Vanilleextrakt
- 2 3/4 Tassen Allzweckmehl
- 2 Teelöffel Weinstein
- 1 Teelöffel Backpulver
- 1/4 Teelöffel Salz
- 2 Esslöffel weißer Zucker
- 2 Teelöffel gemahlener Zimt

ANWEISUNGEN:

a) Den Ofen auf 200 °C (400 °F) vorheizen.

b) Bestreichen, Backfett, 1 1/2 Tassen Zucker, die Eier und die Vanille schaumig rühren. Mehl, Weinstein, Soda und Salz untermischen. Den Teig mit runden Löffeln zu Kugeln formen.

c) Mischen Sie die 2 Esslöffel Zucker und den Zimt. Teigbällchen in der Mischung rollen. Mit einem Abstand von 5 cm auf ungefettete Backbleche legen.

d) 8 bis 10 Minuten backen oder bis es fest, aber nicht zu hart ist. Sofort vom Backblech nehmen.

92. Wiener-Halbmond-Feiertagsplätzchen

ZUTATEN:
- 2 Tassen Allzweckmehl
- 1 Tasse Bestreichen
- 1 Tasse Haselnüsse, gemahlen
- 1/2 Tasse gesiebter Puderzucker
- 1/8 Teelöffel Salz
- 1 Teelöffel Vanilleextrakt
- 2 Tassen gesiebter Puderzucker
- 1 Vanilleschote

ANWEISUNGEN:
a) Backofen auf 375°F (190°C) vorheizen.
b) In einer großen Rührschüssel Mehl, Bestreichen, Nüsse, 1/2 Tasse Puderzucker, Salz und Vanille vermischen. Von Hand mischen, bis alles gründlich vermischt ist. Den Teig zu einer Kugel formen. Abdecken und 1 Stunde kühl stellen.
c) Geben Sie in der Zwischenzeit den Zucker in eine Schüssel oder einen kleinen Behälter. Mit einem scharfen Kochmesser die Vanilleschote der Länge nach aufspalten. Die Kerne auskratzen und mit dem Zucker vermischen. Die Schote in 5 cm große Stücke schneiden und mit dem Zucker vermischen.
d) Den Teig aus dem Kühlschrank nehmen und zu 2,5 cm großen Kugeln formen. Rollen Sie jede Kugel zu einer kleinen Rolle von 7,6 cm Länge. Lassen Sie die Kekse im Abstand von 5 cm auf ein ungefettetes Backblech fallen und biegen Sie sie jeweils zu einer sichelförmigen Form.
e) 10 bis 12 Minuten im vorgeheizten Ofen backen oder bis es fest, aber nicht braun ist.
f) 1 Minute stehen lassen, dann von den Backblechen nehmen. Heiße Kekse auf ein großes Blatt Alufolie legen. Mit der vorbereiteten Zuckermischung bestreuen. Vorsichtig wenden, um beide Seiten zu bestreichen. Vollständig abkühlen lassen und in einem luftdichten Behälter bei Raumtemperatur aufbewahren. Kurz vor dem Servieren mit etwas Vanillezucker bestreichen.

93. Apfel-Rosinen-Kekse

ZUTATEN:
- 1 Packung Pillsbury Moist Supreme Yellow Cake Mix
- 1 Teelöffel Zimt
- ½ Teelöffel Muskatnuss
- ½ Tasse Sauerrahm
- 2 Eier
- 1 Tasse Apfel; Grob zerkleinert
- ½ Tasse Rosinen
- 2 Esslöffel Puderzucker
- 4 Dutzend Kekse.

ANWEISUNGEN:
a) Den Ofen auf 350 °F vorheizen. Backbleche einfetten. In einer großen Schüssel Kuchenmischung, Zimt, Muskatnuss, Sauerrahm und Eier vermengen. gut vermischen.
b) Apfel und Rosinen unterrühren. Lassen Sie den Teig fallen, indem Sie Teelöffel im Abstand von 2,5 cm auf gefettete Backbleche häufen. 2.
c) 10 bis 14 Minuten backen oder bis die Ränder goldbraun sind.
d) Sofort von den Backblechen nehmen. 5 Minuten abkühlen lassen oder bis es vollständig abgekühlt ist. Nach Belieben mit Puderzucker bestreuen.

94. Kirschtropfenkekse

ZUTATEN:
- 1 Packung Cherry Supreme Deluxe Cake
- ½ Tasse Speiseöl
- 2 Esslöffel Wasser
- 2 Eier
- Ein paar Tropfen rote Lebensmittelfarbe
- 1 Tasse gehackte Nüsse
- Geviertelte Maraschino-Kirsche

ANWEISUNGEN:

a) Ofen vorheizen auf 350 Grad. Kuchenmischung, Öl, Wasser, Eier und Lebensmittelfarbe verrühren. Nüsse unterrühren. Von einem Teelöffel auf ein ungefettetes Backblech tropfen. Belegen Sie jeden Keks mit einer viertel Maraschino-Kirsche.

b) 10-12 Minuten backen. Auf dem Backblech etwa 1 Minute lang abkühlen lassen und dann zum Abkühlen auf ein Gitter stellen.

95.Kekse mit Kakaotropfen

ZUTATEN:
- ½ Tasse Backfett
- 1 Tasse Zucker
- 1 Ei
- ¾ Tasse Bestreichenmilch
- 1 Teelöffel Vanilleextrakt
- 1¾ Tasse Mehl, Allzweckmehl
- ½ Teelöffel Soda
- ½ Teelöffel Salz
- ½ Tasse Kakao
- 1 Tasse Pekannüsse; gehackt (oder Walnüsse)

ANWEISUNGEN:

a) Cremeverkürzung; Nach und nach Zucker hinzufügen und rühren, bis die Masse leicht und schaumig ist. Ei hinzufügen und gut verrühren. Bestreichenmilch und Vanilleextrakt einrühren.

b) Mehl, Soda, Salz und Kakao mischen; Zur Rahmmischung hinzufügen und gut verrühren. Pekannüsse unterrühren. Teig 1 Stunde kalt stellen.

c) Geben Sie den Teig teelöffelweise im Abstand von 5 cm auf die gefetteten Backbleche.

d) Bei 400 Grad 8 bis 10 Minuten backen.

96.Mit Datum gefüllte Tropfenkekse

ZUTATEN:
- 4 Tassen Basis-Keksmischung
- ¼ Teelöffel Zimt
- 2 Eier, geschlagen
- 1 Tasse gehackte Datteln
- 3 Esslöffel Zucker
- 1 Teelöffel Vanille
- ¼ Tasse Wasser oder Bestreichenmilch
- Walnußhälften
- 3 Esslöffel Wasser
- ¼ Tasse gehackte Nüsse

ANWEISUNGEN:

a) In einem kleinen Topf Datteln, Zucker und Wasser vermischen. Bei mittlerer Hitze etwa 5 bis 10 Minuten kochen lassen und dabei rühren, bis eine dicke Masse entsteht. Vom Herd nehmen.

b) Etwas abkühlen lassen. Gehackte Nüsse unterrühren. Zum Abkühlen beiseite stellen. Backofen auf 375 °C vorheizen. Backbleche leicht einfetten. In einer großen Schüssel Keksmischung, Zimt, Eier, Vanille und Wasser oder Bestreichenmilch vermischen. Gut vermischen. Geben Sie einen Teelöffel davon auf die vorbereiteten Backbleche.

c) ½ TL Dattelfüllung auf jeden Keks geben und dabei den Teig leicht andrücken. Jeweils mit einem weiteren Teelöffel Teig bedecken. Mit der Walnusshälfte belegen. 10 bis 12 Minuten backen.

97. Satans essen Fallen-Kekse

ZUTATEN:
- 1 Tasse brauner Zucker
- ½ Tasse Bestreichen, weich
- 1 Teelöffel Vanille
- 2 Unzen (2 Quadrate) ungesüßte Schokolade
- 1 Ei
- 2 Tassen Mehl
- ½ Teelöffel Backpulver
- ½ Teelöffel Salz
- ¾ Tasse Sauerrahm
- ½ Tasse gehackte Walnüsse

MOCHA-FROSTING:
- 1½ Tasse Puderzucker
- 2 Esslöffel ungesüßter Kakao
- ¼ Tasse Bestreichen, weich
- 1 bis 2 TL. Instantkaffee-Granulat
- 1½ Teelöffel Vanille
- 2 bis 3 EL. Milch

ANWEISUNGEN:
KEKSE:
a) Den Ofen auf 350 Grad vorheizen. Backbleche einfetten. In einer großen Schüssel braunen Zucker und ½ Tasse Bestreichen schlagen, bis die Masse hell und locker ist. 1 TL hinzufügen. Vanille, Schokolade und Ei; gut vermischen.
b) Mehl leicht in den Messbecher geben; abflachen. In einer kleinen Schüssel Mehl, Backpulver und Salz vermischen. Trockene Zutaten und saure Sahne zur Schokoladenmischung hinzufügen; gut mischen.
c) Walnüsse unterrühren. Geben Sie Teelöffel davon im Abstand von 5 cm auf gefettete Backbleche. Backen Sie den Kuchen bei 350 °C für 10 bis 14 Minuten oder bis er fest ist.
d) 1 Minute abkühlen lassen; Von den Backblechen entfernen. Vollständig abkühlen lassen.

GLASUR:
e) Zutaten für die Glasur vermischen und so viel Milch hinzufügen, bis die gewünschte Konsistenz erreicht ist. glatt rühren.
f) Auf abgekühlten Keksen verteilen.
g) Lassen Sie den Zuckerguss vor dem Lagern fest werden.

98. Hickory-Nuss-Kekse

ZUTATEN:
- 2 Tassen Zucker
- 1 Tasse Backfett; Gut schlagen
- 2 Eier
- 1 Tasse Milch; sauer oder 1 Tasse Bestreichenmilch
- 4 Tassen Mehl
- 1 Teelöffel Backpulver
- 1 Teelöffel Backpulver
- 1 Tasse Nüsse; gehackt
- 1 Tasse Rosinen; gehackt

ANWEISUNGEN:
a) Natron und Backpulver mit Mehl sieben.
b) Restliche Zutaten vermengen, gut vermischen.
c) Geben Sie es teelöffelweise auf das Backblech.
d) Im Ofen bei mäßiger Temperatur bei 180 °C backen.

99.Ananas-Drop-Kekse

ZUTATEN:
- ¼ Tasse Bestreichen
- ¾ Tasse Zucker
- Je 1 Ei
- ¼ Tasse Ananas; abgetropft und zerkleinert
- 1¼ Tasse Mehl; gesiebt
- Salz; eine Prise
- ¼ Teelöffel Backpulver
- ½ Teelöffel Backpulver
- ¼ Tasse Nussfleisch

ANWEISUNGEN:

a) Bestreichen und Zucker schaumig rühren, restliche Zutaten hinzufügen. Gut vermischen, einen halben Teelöffel auf das Backblech geben.

b) Im Ofen bei 375 F backen.

100.Rosinen-Ananas-Kekse

ZUTATEN:
- ½ Tasse Bestreichen
- ½ Teelöffel Vanille
- 1 Tasse brauner Zucker, verpackt
- 1 Ei
- ½ Tasse Rosinen
- ¾ Tasse zerdrückte Ananas, abgetropft
- 2½ Tasse Mehl
- 1 Teelöffel Backpulver
- 1 Teelöffel Backpulver
- ½ Teelöffel Salz

ANWEISUNGEN:

a) Bestreichen, Vanille und Zucker schaumig rühren, bis sie leicht und locker sind. Ei und Sahne gut hinzufügen. Rosinen und Ananas unterrühren. Trockene Zutaten zusammen sieben. Nach und nach zur Sahnemischung hinzufügen. Rühren, bis alles gut vermischt ist.

b) Teelöffelweise auf gefettete Backbleche verteilen. 12–15 Minuten im vorgeheizten Ofen bei 180 °C backen.

ABSCHLUSS

Während sich das letzte Kapitel der ultimativen Weihnachtsplätzchen-Sammlung entfaltet, befinden wir uns an der süßen Schnittstelle zwischen kulinarischer Kunst und geschätzten Erinnerungen. Die Wärme des Ofens, die duftenden Gewürznoten in der Luft und das freudige Lachen mit den Liebsten verkörpern den wahren Geist der Feiertage.

Diese Sammlung ist nicht nur ein Kompendium von Rezepten; Es ist ein Beweis für die anhaltende Tradition, uns im Herzen des Zuhauses zu versammeln, mit unseren Händen etwas Magisches zu erschaffen und es mit denen zu teilen, die uns am Herzen liegen. Während Sie sich von der letzten Seite verabschieden, mögen die Echos der Küche und der Geschmack dieser köstlichen Leckereien in Ihrem Herzen verankert bleiben und als Erinnerung an die Freude, Liebe und Verbundenheit dienen, die die Feiertage ausmachen.

Wenn Sie in den kommenden Tagen diese Rezepte nachkochen und der Duft von Weihnachtsplätzchen wieder Ihr Zuhause bereichert, werden Sie nicht nur ein Fest für die Sinne erleben, sondern auch eine Fortsetzung der Traditionen, die diese Zeit des Jahres so besonders machen. Die ultimative Weihnachtsplätzchen-Sammlung ist mehr als ein Kochbuch; Es ist eine Einladung, Ihre Feiertage mit der Süße gemeinsamer Momente, dem Reichtum der Tradition und dem anhaltenden Zauber von Weihnachten zu erfüllen. Bis wir uns in der nächsten festlichen Jahreszeit wiedersehen, mögen diese Rezepte weiterhin eine Quelle der Freude, Inspiration und der Schaffung bleibender Erinnerungen sein. Viel Spaß beim Backen und schöne Feiertage!

www.ingramcontent.com/pod-product-compliance
Lightning Source LLC
Chambersburg PA
CBHW071320110526
44591CB00010B/958